# 接纳孩子，接纳不完美的自己

侯瑞鹤 / 著

第二版

中国妇女出版社

**图书在版编目（CIP）数据**

接纳孩子，接纳不完美的自己 / 侯瑞鹤著. -- 2版
. -- 北京 ：中国妇女出版社，2022.11
ISBN 978-7-5127-2167-8

Ⅰ.①接… Ⅱ.①侯… Ⅲ.①儿童教育－家庭教育
Ⅳ.①G782

中国版本图书馆CIP数据核字（2022）第175375号

**责任编辑**：陈经慧
**封面设计**：末末美书
**责任印制**：李志国

**出版发行**：中国妇女出版社
**地　　址**：北京市东城区史家胡同甲24号　　邮政编码：100010
**电　　话**：（010）65133160（发行部）　　65133161（邮购）
**网　　址**：www.womenbooks.cn
**邮　　箱**：zgfncbs@womenbooks.cn
**法律顾问**：北京市道可特律师事务所
**经　　销**：各地新华书店
**印　　刷**：三河市祥达印刷包装有限公司

**开　　本**：165mm×235mm　1/16
**印　　张**：18.75
**字　　数**：200千字
**版　　次**：2022年11月第2版　　2022年11月第1次印刷
**定　　价**：59.80元

如有印装错误，请与发行部联系

# 第一版 推荐序一

Parenting at a time of massive changes becomes even more important than ever before. But what is good parenting at this time in history. The author has a keen understanding of parenting in our present stage of development. You will notice that the first focus is on the parents themselves. How will they manage their attitudes, their feelings, their expectations and their perceptions is a major pre-requisite of being a good parent. Modelling kindness, acceptance, appreciation and responsibility is part of being a modern day successful parent.

Moving from only complaining, judging, criticizing to accepting everything without boundaries has not worked either. One needs to accept the child, the being part, and help the child on the doing part. For example, "I love you but I don't like what you are doing" is an excellent approach in parenting.

The book has so many valuable insights on how to be a great parent starting with oneself, then building a positive, caring relationship and finally guiding the child by example.

If possible stop comparing your child negatively with other children.

That creates a symptom of never being good enough. Don't make your child the victim of perfectionism! What a great chapter. Please also notice the importance of trying beyond the edge of comfort without making the goal an impossibility.

All in all the book is excellent and very timely including how to prepare the first child for arrival of the second child now that parents are allowed to have a second child. I wish you happy and successful parenting.

Top international master of the Satir Model
Founder of the Satir Institute of the Pacific
Director of the International Family Therapy Association
Honorary consultant of the Satir Institute of China
Co-author of *The Satir Model and Beyond*
Visiting Professor of Beijing Normal University

John Banmen

译文：

在这个瞬息万变的时代，父母如何教养孩子变得比以前任何时候都更为重要。那么在这一历史时期，什么才算是好的教养方式呢？作者对于当前的教养问题有着敏锐的洞察力，她把焦点放在父母身上，而不是孩子身上。父母如何正确看待自己的教养态度、情感、期待和观念，是成为好父母的首要条件。和善、接纳、赏识和责任是当今社会成功父母的几大特质。

从简单的抱怨、评判、指责孩子，到毫无原则地纵容孩子，这些方法都无法真正地培养出优秀的孩子。父母需要接纳孩子的生命本身，但要帮助孩子约束自己的不当行为。例如“我爱你，但我不喜欢你做事的方式”，就是一种很棒的教养方式。

本书提出了极有价值的观点，即要想成为优秀的父母，首先要做好自己，然后再跟孩子建立积极、亲密的亲子关系，并以身作则地去引领孩子的成长。

请不要拿自己的孩子跟其他的孩子做比较，那样会让自己的孩子失去自信。“别让你的完美主义害了孩子”，多么棒的一章内容！作者还提醒家长，应该让孩子了解超出行为边界所带来的后果，这一点很重要。

总之，本书的内容非常出色。此外，考虑到中国的两孩家庭越来越多，在本书的最后，作者还及时地分析了如何让大宝接受二宝的问题，能够为父母提供行之有效的指导。希望你们都能成为快乐、优秀的父母！

国际顶尖萨提亚模式治疗大师
太平洋国际萨提亚学院创办人
国际家庭治疗联合会董事
贝曼萨提亚中国管理中心主席
《萨提亚的家庭治疗模式》合著者
北京师范大学客座教授

约翰·贝曼

2016年5月

# 第一版推荐序二

## 从来没有完美的父母，只有不断成长的父母

很多人感慨如今当父母太不容易。在“拼父母”的时代，父母拿什么奉献给孩子？阅读了这部诠释如何为人父母的书，你很可能就会找到答案。

该书作者侯瑞鹤博士，是我在中国科学院心理研究所指导的发展与教育心理学专业的博士生，现在中国人民大学心理健康教育与咨询中心担任心理咨询师，也是一个6岁孩子的妈妈。我早已听说她在撰写家庭教育方面的文章，当时对其“不务正业”的做法颇有微词。但今天读完书稿，我甚感欣慰。这是一部难得的儿童心理学理论与儿童教养实践相结合的著作，将专业理论结合真实的养育经验和咨询案例，娓娓道来，就像在与一位老朋友聊天，不知不觉中就让人感受到亲子关系的奥妙所在。

全书给我最大的感受是真诚、真实。侯瑞鹤博士文如其人，不矫揉造作，也不故弄玄虚，自然、坦诚地呈现自己的养育实践和教育感悟。在养育孩子的过程中，她也有过焦虑、挫败、困惑、怀疑，同时也有自我探索

和自我发现之痛以及成长的喜悦。本书生动地展现了她作为一名儿童心理学博士，更是作为一名母亲养育孩子的真实心路历程。本书具有以下几个特点：

一是敢于面对自己的脆弱。侯瑞鹤博士在书中多处呈现了正视自己的时刻：第一次为人母时的焦虑与脆弱，第一次被唤作“妈妈”时的惊喜与脆弱……并由此领悟到，敢于面对自己的脆弱的确是一件不容易的事。这种真诚本身就可以化解所谓“完美父母”的焦虑。事实上，从来没有完美的父母，只有不断成长的父母。这让我想起了心理治疗大师欧文·亚隆，他在著作中真诚地呈现自己在心理治疗过程中的焦虑、挣扎和迷茫，激励了年轻一代的心理咨询师有勇气继续走在这条道路上。从侯瑞鹤博士身上，我惊喜地看到了另一种类似的力量，一种允许自己脆弱的治愈力量。

二是强调不仅要理解孩子，还要共情母亲。孩子是父母的无意识。随着精神分析理论在国内的盛行，强调儿童早期经验，尤其是母亲对孩子健康人格的影响。这本来是一件很有意义的事情，可以帮助父母为孩子提供更加健康、有利的成长环境，然而过犹不及的是，一些对自己要求高、负责任、害怕出错的焦虑母亲，以及期待养育理想孩子的心急母亲，容易用力过猛。殊不知，她们在看得见的地方用力，却在看不见的地方给孩子带来了心理创伤。千万别让父母的完美主义害了孩子，还美其名曰“是为孩子好”。本书通过作者的亲身经历和一些案例的剖析，在呈现父母细微之处带给孩子的影响时，也对父母共情式地给予理解与接纳，并进一步提出了应对之道。

三是提倡爱孩子并非只要他快乐，更重要的是允许他承受痛苦。在本书中，侯瑞鹤通过真实、鲜活的记录，表现出对孩子自身力量的尊重与信任，允许孩子去体验生活中必经的痛苦，允许孩子拥有体验挫折的权利。这种允许并非置之不理的冷漠，而是在爱和容纳的支持下让孩子去经历痛苦——“如果哭能让你舒服一点儿，你可以哭一会儿。”在这样的生活环境和心理环境中，孩子一定会从挫折、痛苦的体验中吸取经验教训，领悟来自生活本身的教导。如此循环往复、不断经历的过程，能够强健孩子的心灵，增加他们对未来消极事件和重大生活事件的免疫力。实际上，无法受挫的不是孩子，而是父母内心深处的若干“软肋”。

**四是提倡信任孩子，管教孩子时做到有收有放。**尊重、接纳、信任是对孩子最好的教养。虽然作者对孩子充满了温暖的支持，但这绝不是懒惰的溺爱，而是用严格的规则去管教和限制孩子的行为。让孩子做与年龄和能力相匹配的决定，而不是让其随心所欲，这是让孩子学习自我负责的重要途径。对于家庭的重大决定，父母要自己做选择。比如对于是否生二胎，是父母应该做的决定，不能把决定权交给孩子。书中类似的观点，对一些错误理解“尊重孩子”的父母而言，也是一个善意的提醒。

当前林林总总的科学育儿读物、家庭教育读物有很多。“状元郎”写了一本经验体会书，父母也必定会写一部教育心得，其他父母则趋之若鹜。于是乎，科学育儿、家庭教育成为“显学”，成为全社会关注的焦点。家庭教育的经验和心得固然重要，但对家庭教育进行必要的反思则更为重要。每个孩子都是独特的生命存在，有着自己的生理、心理特点与发展规律，把他们视为一个年龄群体来研究本身就是不妥的。因此，父母能做的便是尊重孩子的心理需要与成长规律，提供适合他们发展需要的成长环境，而不是用固有的教育理念、教育计划来强迫孩子“就范”，或者把父母的教养方式乃至思维方式强加给孩子。有鉴于此，侯瑞鹤博士确实做了一件令我欣慰的事，即把自己求学和工作期间所学的儿童心理学等理论，与自己的教养实践和工作实践有机融合起来，在总结育儿经验、剖析心理咨询案例的基础上，阐述了儿童心理发展和亲子关系理论在实践当中的应用。其所思所想所为，也许对其他父母有一定的启迪作用。当然，科学育儿、家庭教育既是一门科学，也是一门艺术，是父母终其一生都要学习的功课。父母要与孩子一起成长，我想再次强调：从来没有完美的父母，只有不断成长的父母。

全社会普及科学的亲子、育儿之道，当是促进父母自我觉察与自我成长的重要路径，也是家庭和睦、社会和谐的重要组成部分。让我们有资格成为父母，致力于成为好父母，并进一步创造属于自己的育儿经！

做父母是人生的荣耀！

做父母是一生的功课！

愿与天下父母共勉之。

是为序。

中国人民大学二级教授、博士生导师、心理研究所所长
教育部中小学心理健康教育专家指导委员会秘书长　俞国良
教育部高等学校心理健康教育专家指导委员会副秘书长

2016年5月

# 自序

PREFACE

## 教养孩子的意义，在于父母的自我成长

当我满怀喜悦和期待迎来儿子的出生时，我的内心除了逐渐被唤起的汹涌而来的母爱之外，更多的是焦虑和惶恐。我一次次看着身边熟睡的儿子，想着他这一生的命运将与我紧紧地联系在一起，他的幸福、健康将系于我的养育，不觉感到肩上的责任无比重大。

养育孩子的过程确实辛苦，同时也带给我母子连心的深刻情感体验。成长的喜悦逐渐冲淡了养育的焦虑，我学习的儿童心理学专业知识也逐渐转化成可以感知的体验。在这个过程中，我不断修正之前的粗浅理解，结合养育的实际体验，跟其他的父母分享自己的儿童心理学知识。看着孩子逐渐成长，体会着心理学的精妙之处，我不禁想对那些过往的心理学大师们说声“谢谢”。其中特别想要提及的，是萨提亚模式[1]带给我的影响和成

① 萨提亚模式又称萨提亚沟通模式，创建者维琴尼亚·萨提亚（Virginia Satir）女士，被美国著名的《人类行为杂志》（Human Behavior）誉为“每个人的家庭治疗大师”。1970年，美国精神医学会列出二十一位最具影响力的治疗师，萨提亚位居首位。

长。本书的创作过程恰恰也是我深入、系统地学习萨提亚模式的过程。萨提亚模式让我学会在看待一个人时，不只看到他的表面，而是真正欣赏和尊重每个独特的生命个体，包括我自己以及孩子的生命。

在实践和学习中，我不断地吸纳、体验、洞察、总结。伴随着各种体验和反思，我自身在不断地成长，就像播下一颗种子，不断地酝酿、萌芽，最终得以破土而出。

## 父母是靠自己的整体素养来影响和养育孩子

在养育小婴儿时，母子之间就像热恋的情人一样。婴儿没有太多自己的想法，亲子冲突很少，婴儿对母亲有着深深的依恋，这让母亲感到自己的重要性和价值感。然而，就像情人热恋过后终有冲突和斗争一样，母子之间从此并未过上幸福的生活，而是夹杂着各种情感，展开了世俗而丰富的生活画卷。

知识和技巧很重要，但只靠知识和技巧不可能养好孩子。随着孩子活动范围的逐渐扩大，他有了更多自己的想法，父母开始对孩子的一些行为感到困惑、挫败、焦虑或愤怒。作为一名心理咨询师，我常常不由自主地从母亲的角色里跳出来，以咨询师的视角来看待我们的亲子关系。结果我常常发现，孩子那些令我感到困惑的行为，往往能在我和先生，尤其是作为主要抚养人的我身上找到答案。孩子就像一面忠实的镜子，一次次地映照出我不愿面对或没有觉察到的自己。这个过程虽然痛苦，但也让我有一种了悟的清明，借此更加理解和接纳自己，也更愿意理解与接纳他人。这让我深刻地意识到，孩子是促进我不断成长的老师。

然而，父母要面对自己的脆弱并非易事，因为这往往会唤起否定自己的不舒服感，进而会产生自动化的应对反应。曾有一位母亲不断地给孩子寻找治疗师，一名治疗师建议家庭咨询可能对孩子更有帮助，这位母亲很不悦地问治疗师："你能治好孩子吗？不行的话我们就换人！是孩子有问题，又不是我有问题，为什么要找家庭咨询师？"觉察到自己有错或需要承担责任时，人们自动化的反应常常是为自己辩护，否认自己应该承担的责任，不愿为此做出改变。除非我们学习如何接纳不完美的自己，学习如何跟自己相处。因为在养育孩子的过程中，父母是什么样的人，远比父母的学历和各种世俗的身份更加重要。

## 没有完美的养育过程，孩子也不需要完美的父母

常见到许多非常用心、努力、负责任的父母，立志要养育好孩子。然而，如果父母把养育孩子当作一项机械性的工作，一定要把孩子养育成理想的样子，就容易变成过分追求完美的父母。这样的父母容易陷入纠结、犹豫、自责和内疚中，在他们与孩子的亲子互动中，虽然孩子被小心呵护和对待，但孩子并不是独立、完整的人，更像是父母实现"完美父母"的工具。

常常有人问我："作为一名儿童心理学专业人士，你在养育孩子时是不是总能做到科学、完美？"我的回答是："其实我也常常不耐烦，甚至会训斥孩子，因为我是人，不是神。如果说我跟普通父母有什么不一样的地方，可能是我更愿意去学习谅解自己、看到自己的努力，减少内在对抗产生的消耗，更积极地调整自己的状态，以此修复亲子关系。我允许自己有烦躁的时候，允许自己是不完美的妈妈。我愿意去面对自己的情绪，敢于向孩子、向自己承认真实的自己。"一位朋友说，在发生亲子冲突时，她想到我和她一样，也有做得不好的时候，就会变得更加放松，更能接纳自己，也更能接纳孩子。

目前流行的育儿知识和理论，过分强调孩子容易受到创伤，再加上现在还有不少独生子女家庭，使得专家和父母们不由自主地把孩子当成脆弱、无助、易受伤的群体。因此，"完美父母"成为一种集体的潜意识。那些控

诉父母的文章，通常能够得到读者更多的反馈和支持，由此可见一斑。事实上，亲子双方只有在相互理解、支持的基础上，才可能真正地共同成长。

孩子是脆弱的，但他们并非承受不了任何挫折，他们恰恰需要经历与年龄相匹配的自然而来的恰当挫折。比如，受到别人的拒绝，有人不喜欢自己等。孩子通过体验挫折并学习从挫折中恢复的过程，不断强健自己的心灵，得以健康成长。

在做心理咨询的过程中，我常常和来访者一起走进他们的生命故事，一次次地触摸那些受了伤害、不被看到、不被爱的内在小孩的孤独、无助与渴望。然而，这些受伤的内在小孩又是非常有力量、有智慧，非常努力也非常了不起的，因为他们用一个幼儿所能做到的一切，摸索出自己的生存方式并最终活了下来，还把来访者带到这里，得以有机会去疗愈自己。因为有机会与来访者共同见证这些重要的时刻，所以我能够更加全面地去了解现实中孩子内在的心理过程。

孩子是弱小的，所以需要父母稳定的爱和支持给他们提供精神能量；孩子也是坚毅的，所以需要父母的信任和放手，允许他们在生活中不断磨砺自己，强健心灵。

## 父母的自我成长是送给孩子最好的礼物

父母只有促进自我的不断成长，接纳不完美的自己，才能够拥有坚实的自信，才能够真正接纳那个被你称作“孩子”的独特生命个体。

我常常问自己：当孩子没有达到我的期待时，我仍然能够接纳他吗？当他悲伤、难过、挫败时，我能够提供稳定的支持并接纳他的这些情绪吗？我能够真正信任他，并允许他在不断的试错中成长吗？在提醒后他仍然犯错时，我能够在他感到糟糕时不落井下石、不进行啰唆的说教吗？

许多父母常说，如果孩子“好”，我自然会更“好”。这样的爱并非真爱，更像是对孩子进行爱的绑架。事实上，真相是这样的：只有你“好”，孩子才会更“好”。这里的“好”是指一种健康的生命状态。父母越是能够接纳自己的不完美，就越能够接纳孩子的不完美。如果父母对自己要求过于严格，对孩子的爱就会被焦虑和心急所蒙蔽，很难看到孩子内心真正的需求，往往会越用力越挫败，越害怕越糟糕。

当孩子表现出问题行为时，如果父母想解决问题，就一定会逼迫自己反观自身；而父母自我成长之后，会给孩子创造一个更加有利的成长环境，从而使孩子更加健康地成长。这看起来像是一条“曲线救国”的路径，可谁又能说这不是一条奇妙又富有意义的途径呢？父母不是神，会有局限和不足。但即使自己做得不完美，仍然能够爱自己，才有能量去做得更好；即使遇到挫败，仍然能够不放弃成长，能够积极主动地修复亲子关系——这是我能想到的父母送给孩子最完美的礼物。

在育儿这条路上，我一边觉察、反思，一边写作。在孩子这面镜子的映照下，我常常不情愿，又不得不真诚地面对自己，一路跌跌撞撞地成长着。我将这些年来无数次的体验和思考，与我的专业知识和工作中的案例结合起来，最终汇成一篇篇文字分享给广大父母，希望能为父母们提供些许的启发。

这不是一本教科书式的育儿书，因为不同家庭的特点以及孩子的养育环境千差万别，如果对于他人养育孩子的方法没有产生共鸣并进行吸纳，直接拿来使用的效果通常并不理想，有时甚至会起反作用。我只是把自己在养育孩子的道路上看到的风景和遇到的挣扎呈现出来，如果你也恰好路过那里，并且感到纠结、犹豫和困惑时，本书可能会给你提供一种不同的视角。

本书适用于所有希望孩子健康成长，想提升亲子关系的质量，并愿意进行自我提升的父母。同时，也适合儿童和青少年心理咨询师、幼儿教师以及对儿童心理发展感兴趣的朋友阅读。

感谢我的父母、祖父母，你们虽不完美，但我深信你们用自己力所能及的最好方式养育了我。

感谢引领我进入心理学殿堂的两位导师——林崇德教授和俞国良教授，你们不只给了我专业上的指导，更重要的是你们一直关心我的成长，教会我先做人再做事。我能够师从你们，实乃今生之幸事。

感谢来自加拿大的萨提亚模式的完善者和传播者——约翰·贝曼博士，有幸能够跟随充满大爱的贝曼大师学习萨提亚模式，使得我的专业学习和个人成长均获益良多。

感谢我的孩子选择我做母亲，所以我才有机会如此亲近、完整地参与一个生命的成长过程。这让我更加理解自己的生活，也更能懂得他人的生活，更能懂得这个世界。

感谢我的先生，他不仅是我的第一个读者，也是我的“御用”编辑，他对文字的润色使文章增色不少。

感谢我的来访者和学生们对我的信任，你们真诚地邀请我走进你们的生命故事，共同见证了成长的喜悦，并使我确信：脆弱背后有巨大的力量，黑暗之中有等待发掘的宝藏。

最后，感谢中国妇女出版社的编辑，他们提出的非常有价值的建议，使得本书的内容、结构更加清晰和完整。

# 目录

CONTENTS

## CHAPTER 1

## 做好父母，从自我成长开始



## CHAPTER 2

## 良好家庭关系是良好亲子关系的基石

CHAPTER 3

## 接纳是对孩子最有效的管教



CHAPTER 4

## 别让你的完美主义害了孩子

CHAPTER

5

## 独立是父母送给孩子最好的礼物



CHAPTER

6

## 不要剥夺孩子体验挫折的权利

CHAPTER

7

## 大拇指教育是把“双刃剑”



CHAPTER

8

## 你不知道的那些婴幼儿心理

CHAPTER

9

## 帮孩子顺利度过幼儿园时期



CHAPTER

10

## 生不生二宝，不应该由大宝说了算

虽然自知不易，但父母只要愿意真心面对，就可能一步步获得成长。然而，如果父母拒绝看到自己的内在，只把眼睛放在孩子身上，就不可能获得真正的育儿之道。

CHAPTER 1

# 做好父母，从自我成长开始

# 01 学做父母是一生的功课

多年给大学生做心理咨询的经验使我发现，每个心理方面有障碍的孩子，背后几乎都站着不能解决自己困扰的爸爸妈妈，抑或有一个不健康的家庭系统。

有时，只看到孩子，就可以推测其父母的教养方式；或者看到父母，就可以推测其孩子在成长过程中可能会面临的难题。爱孩子是父母的天性，但做称职的父母并不是天生就会的，这几乎是一生的课程，不只是在孩子幼年时父母需要学习，孩子成家立业之后，父母仍然有一段很长的学习旅程。

本书着重对个体一生具有人格基础的 0 ~ 6 岁进行探讨和分享，因为众所周知这个阶段很重要，从心理咨询的角度而言，如果孩子的人格发展有所偏离，在这个阶段相对容易调整。如果一个成年人出现问题，可能一年甚至几年也不一定能解决；而一个幼儿出现问题，可能只需要很短的时间就能找到原因，并进行有效的调整。

一个客观的现实是，与父辈们相比，现今的父母面临的养育环境发生了巨大的变化，因此学习做父母比以往任何时代都显得更为迫切。但当今父母在育儿方面几乎集体陷入困境，主要表现在无经验、太教条、缺自省。

## 上一代的育儿经验多数已然失效

随着社会的急速变化，当今的父母面临与上一代父母差异巨大的养育环境。同时，新一代父母被养育的经历，与上一代父母被养育的经历也有非常大的差异。如果不能有意识地学习做父母，那么新一代父母很可能会沿袭其父母的养育方式来养育孩子。

从许多出现问题的家庭来看，新一代父母把从父母那儿学来的育儿经验应用到自己的孩子身上时，养育的结果差异巨大。因此，孩子的父母与祖辈们常常互相抱怨对方，把孩子身上的问题归咎到对方身上。现在的孩子面临着与父母幼年时不同的社会环境和人际环境，如果不能有意识地培养孩子，就可能导致孩子心理发展的停滞。

## 酷爱学习的父母，越学可能越不自信

近年来，国内各种育儿书籍、育儿节目和网络育儿信息越来越多，然而，这其中也有许多乱象。很多父母发现，从“牛人”那儿喜滋滋地学来的一些技巧，应用到自己孩子身上时，不但没有效果，有时甚至还起了反作用。

目前，许多育儿知识和技巧缺少儿童心理学和儿童心理咨询理论与实践的支撑，更多是在技术的层面上传授所谓的育儿秘籍，缺少对育儿问题背后的原因和心理机制的剖析，从而导致父母们只知其然，不知其所以然。

还有的父母学了很多理论、知识和方法，却发现不同的育儿知识之间互相冲突，因此在育儿过程中就会感到纠结，进而导致育儿知识学得越多，反而越纠结、越不自信。

事实上，只有理解育儿问题背后深层的原因和机制，才能从千变万化的育儿知识和方法中找出适合自己孩子的育儿经。

## 父母的自我成长是育儿的关键

有一个标准可以用来区分育儿知识是否适合自己的孩子：如果你学习这些知识之后，越发觉得孩子有问题，就应该趁早放弃；如果你学习之后开始反观自身，促进了自我的成长，这样的育儿经就是好的育儿经，可以进行深入的学习。

英国著名儿童精神分析师温尼科特曾经说过，从来没有婴儿这回事，因为透过婴儿的行为，你总能看见父母。意思是说，几乎婴儿的所有行为都会打上父母的印记。因此，父母的自我成长才是育儿过程的重中之重。

# 02 孩子是父母无意识的呈现

育儿过程其实也是亲子互动的过程，父母正是通过互动对孩子产生各种影响，父母的情绪、人格、行为、语言等都会影响到孩子的成长。然而，仅仅知道父母在哪些方面影响孩子，还不足以让我们了解亲子之间的互动真相，其背后深藏的心理机制更值得探索。

## 孩子通过父母的眼睛来了解和定义自己

父母就像孩子的一面镜子，孩子通过这面镜子不断了解自己。父母看到镜子上不喜欢的“污点”（比如孩子被别人打了一下没反应，父母解释为“孩子太胆小，容易受人欺负”），就想擦掉这个“污点”（让孩子变得胆大，不被欺负）。经过父母的多次强化，孩子就会得到确定的信息，即我是一个容易被欺负的人，而这将来很可能变成现实。

这个结论是孩子透过父母看到的。事实上，这只是父母由于自己曾经的心理创伤（如自己容易受人欺负等）而得出的结论，或者是父母对此行为进行了歪曲解释（被人打了一下不还手，就觉得孩子容易受欺负和胆小）。但如果父母对自己不够了解，即不了解自己的心理创伤，或者意识不到自己进行了歪曲解释，就会通过控制孩子来缓解自己不舒服的感受。

## 父母对孩子的信念决定了孩子的未来

每个人的头脑中都有大量关于社会、自我或他人的信念和规条，这些信念和规条有些能够被自己意识到，但更多被藏在我们的潜意识中。如果父母对于亲子育儿的信念处在潜意识层面，就会在不知不觉中“强有力”地塑造着孩子。

有这样一个故事：

> 美国一个棒球冠军到监狱与罪犯见面，其中一个犯人问冠军：“我从小也非常热爱棒球，我想知道你是怎样成为全美棒球冠军的，这曾经也是我儿时的梦想。”冠军说：“小时候我在打棒球时，不小心将球打到玻璃上，爸爸说：‘打得好！照这样练下去，你一定可以成为美国最棒的棒球选手！’所以，我就成了现在的样子。”犯人听后，幽幽地说：“我小时候打球时，不小心把球打到玻璃上，爸爸说：‘你再这样打下去，将来会进监狱的！’所以，我就来了。”

两个人小时候有过同样的行为，但冠军父亲和犯人父亲看待孩子的行为时有着不同的信念，从而造就了孩子不同的未来。这说明，真实的信念就像“咒语”一样，进行着自我实现。

## 父母眼中的世界决定了孩子未来的世界

孩子通过父母的眼睛来感受世界是否安全、他人是否值得信任等。如果父母觉得他人是不可信任的，孩子也无法相信他人，不能坦然地得到他人的帮助，或者当有人主动帮助他时，他也会怀疑别人的用心。反过来，这种意识一旦形成，孩子看待世界的方式又会使其创造出不值得信任的外部环境，以证明自己眼中的世界是对的。如果父母看待世界的方式是强弱关系，孩子从父母的眼中看到的就是各种不同类型的斗争。如何在斗争中生存下来，对于年幼的孩子而言则是头等大事。

令父母们无法释怀的是，如果没有进行有意识的自我成长，孩子即使到成年，也可能会一直保留着儿时看待世界的方式，这种方式再一次创造了与父母眼中的世界相似的外部环境。

父母的每一个起心动念都会对孩子产生影响，父母不是用某一部分影响孩子，而是作为一个整体的人，在与孩子的互动中塑造着孩子的现在和未来。而成长为一个更一致、更完整的个体，是每个人一生的功课，这不仅仅是因为自己做了父母，更是作为一个个体最高的追求目标。

因此，学习做父母的本质就是进行自我成长，并了解亲子互动的真相。

一是父母应该通过自我成长，加深对自己感受的了解，能够区分哪些情绪是自己的，哪些情绪是孩子的，并学会处理自己的情绪。父母领悟了这些，就不会被自己的情绪所驱使，不会通过控制孩子来缓解自己的情绪。这时，父母就更可能区分自己的做法到底是孩子的需要，还是自己的需要。

二是父母应该了解亲子互动的真实过程，结合自己的育儿实践，创造出适合自己的育儿方法，变成更加自信的父母。如果了解孩子行为背后的深层心理机制，父母会变得更有洞察力、更懂孩子，也更能灵活多变地处理孩子的教养问题。

## 03 做真实、完整的妈妈

在儿子 3 岁左右，我和几位好友带孩子们出游。午间吃饭时，儿子在饭桌边跑来跑去，不肯坐下来吃饭。好言劝说无效，我一下子火了，一边训斥他，一边把他拉到座位上。我必须承认，其间我还推搡了他。朋友们看着我狂笑，说应该把我刚才的样子录下来，题目就叫“儿童心理学博士妈妈是这样管教孩子的”，如果放到网上必火。对于朋友的玩笑话，我倒觉得挺有意义，因为能让妈妈们看到从事心理学工作的妈妈真实的一面，而不是像书本中描述的完美妈妈那样。相信妈妈们看后一定会放松很多，并提升自己做妈妈的信心。

妈妈应该努力做得更好，但不必要求自己达到某一个标准。养育孩子不是做一道道算术题，如果太在意所谓的标准，做妈妈哪里还有乐趣可言。如果不能享受做妈妈的过程，又如何能享受亲子之间的快乐？扪心自问一下，你是愿意和一个完美的、时刻紧绷的妈妈在一起，还是愿意和一个会犯错误但快乐、放松的妈妈在一起？答案不言自明。

做妈妈通常有以下几种境界。

## 自然本初的妈妈：不知道自己不知道，无意识、不学习、少纠结

处于此境界的妈妈，对于养育孩子几乎没有自觉学习的意识，觉得养儿育女对于女人来说就像吃饭、睡觉一样自然，几乎没有想过诸如“我对孩子会有什么影响，我应该怎样培养孩子”等问题，也从来不觉得这些是问题。

自然妈妈的好处是不纠结。这样的妈妈教养孩子时通常是根据自己的性子来进行的。脾气暴躁的妈妈，生气时会拿孩子撒气；缺少安全感、喜欢控制的妈妈，会时时提醒孩子妈妈有多辛苦，让孩子感觉亏欠妈妈很多；温柔慈祥的妈妈，任劳任怨，把最好的都留给家人，把苦留给自己，但是可能会经常生闷气……

自然妈妈的不足是不知道。她们用自己天然的人际交往方式与孩子互动，实现对孩子的影响或掌控。因此可能会无意识地做出一些对孩子造成严重创伤的行为，甚至对孩子的人格产生毁灭性的影响。

## 完美主义妈妈：我认为我知道，有意识、爱学习，多纠结、焦虑，爱自责、内疚

这种境界的妈妈，会主动投入大量的时间和精力来养育孩子，努力学习各种育儿理念和育儿知识。

在科学育儿理念的号召下，新手妈妈像小学生一样去学习育儿知识。“育儿书上说怀孕时不要生气，我今天和老公吵架了，会不会对胎宝宝有影响？”“育儿专家说不要当众批评孩子，我今天因为孩子

淘气而打了他，我不是一个好妈妈，我这样会不会给孩子造成心理伤害？”这些妈妈因为知道一些育儿知识，反而产生了焦虑等负面情绪。

“完美妈妈”忘了自己只是一个普通人，而不是神。她们在每晚睡觉前，看着身边熟睡的孩子，涌上心头最多的不是幸福和甜蜜，而是内疚和自责。她们觉得做妈妈很累、很辛苦，不轻松、不享受。另一方面，她们对孩子也有着很高的要求，孩子达不到她们的标准时，她们就会表现出失望或抱怨等情绪，让孩子难以体验到自信而逐渐陷入自卑。因此，有一个过分追求完美的妈妈，对于孩子来说是一种不幸。

“完美妈妈”的好处是，因为爱学习，会有意识地避免一些明显的养育误区。比如，不会把一岁以内的孩子寄养到别处。“完美妈妈”的困扰在于爱纠结。表面上看，这类妈妈好像因为有“育儿知识”的指导，给人一种能够掌控局面的感觉，然而她们常常因为太多的恐惧焦虑、过分的纠结，容易变得失去自我，会以很多隐性的方式影响孩子。这就是此类妈妈非常努力和辛苦，孩子的成长却并不能得偿所愿的主要原因。更让“完美妈妈”难以接受的是，有时孩子甚至与自己期待中的样子背道而驰，孩子的许多心理和行为让妈妈越来越困惑。

## 真实、完整的妈妈：我知道我知识有限，有意识、爱学习，少纠结，多接纳、享受

真实、完整的妈妈往往学习了很多育儿知识，曾经沮丧过、怀

疑过，经历了很多困惑、纠结和挣扎等。最后她们发现，虽然有很多育儿知识，但是具体到每一个孩子、每一个家庭，需要父母找到更适合自己的解决方式。

真实、完整的妈妈能够明白：在育儿过程中，相比育儿知识，更重要的是妈妈的状态。妈妈只要在不断地自我成长，即使自己做得不完美，也能够接纳真实的自己，并享受做妈妈的快乐。即使自己偶尔烦躁，对孩子做了自认为错的事情，也会告诉自己“我也是普通人，孩子没有那么脆弱，放松点儿”。当妈妈能够喜欢真实而不完美的自己时，对孩子的影响自然会转到良性的轨道上来。

真实、完整的妈妈能够更多地关爱自己，照顾好自己的身心，而不是把一切精力都放到孩子身上，或者完全以孩子的优秀与否来判断自己的价值，从而可能体验到更多的快乐和满足。这类妈妈因为更能接纳自己，所以她们的焦虑和恐惧就会减少很多，从而减少了对孩子的控制，也更能接纳孩子的不完美，看到孩子自身的力量。

真实、完整的妈妈，也更能接纳生活的不完美。生活有痛苦、有挫折；有人喜欢我们，有人讨厌我们……她们会把这些当作真实生活的一部分来接纳。在亲子互动中，透过妈妈的眼睛，孩子也更能接纳这个世界的真实面目，其承受痛苦和挫折的能力也会得到提高。

一位育儿专家说过，完美的妈妈就是有出色的育儿理念却没有孩子的人。完美妈妈和自然妈妈处于两个极端，现实生活中的妈妈大多数处在这两个极端之间的某一点上。完美妈妈有接纳的部分，自然妈妈也有纠结焦虑的部分，不管是哪一部分，背后都是对孩子的爱，我们要尝试发现这份爱，并传递给孩子，尝试做一个真实、完整的妈妈。

## 04 为何别人的育儿经养不好你的孩子

如果把做父母看成一项职业的话，当今父母可能是所有社会职业中最具学习动力和投入意愿的人群。从之前泡在各大母婴社区，到如今订阅各种育儿公众号，他们每天不断地汲取各种亲子育儿的知识、方法和技巧。但很多父母都会有这样的困惑，那些育儿经在读的时候感觉很有用，但当把这些方法用到自己孩子身上时，却往往会失望地发现，要么没什么效果，要么反而起了反作用，更有甚者会觉得自己越来越不会育儿了。

为什么那些看上去很有用的育儿经，对你来说却没有帮助呢？

### 育儿的关键不是方法、技巧，而是父母本身对孩子的影响

一个上小学三年级的女孩，在期末考试前竟然失眠了。在讨论失眠原因时，母亲有些焦虑，同时又对自己颇为满意地说："我从没给过女儿学习上的压力，我总是告诉她，考不考第一没关系，只要认真努力了，考试结果并不重要，但不知道她为什么会失眠。"母亲刚说完，坐在旁边的女儿一下子哭了："妈妈，我上次考得不好，把试卷拿回家时你很

生气，都没有说话。”母亲怔住了，疑惑地安抚女儿说：“有吗？我怎么不记得了？”女儿听后，哭得更凶了。

在心理咨询过程中，当治疗师向来访者播放家庭治疗的录像时，父母们常常惊诧于自己面对孩子时的表情是那样悲伤、生气，身体姿态是那么僵硬，说话的语气是那么伤人……这一切和想象中的自己——温柔有爱、循循善诱、尽心尽力的父母形象是如此不同，很多父母竟然张大嘴巴，吃惊地问：“那是我吗？”

上述案例中，女孩的母亲非常爱学习，读过很多育儿书籍，学习过很多育儿知识。然而，她缺少对自己的反思和觉察，只想着教育孩子，却忘了自我成长，因此她的教育并没有达到预期的效果。

## 父母要将育儿方法内化为自己的一部分

父母如果只是学习了各种育儿方法和技巧，但没有真正内化为自己的一部分，那么在使用这些方法时，一定会有分裂的表现。孩子觉察到这些矛盾的信息后，会很困惑：到底哪个才是“真正的妈妈”呢？通常，孩子会选择自己感受到的信息，而忽略妈妈所说的信息。在这种情况下，育儿的技巧和方法就会失效。

除此之外，父母的分裂表现还可能会伤害亲子关系。孩子看到父母内外表现不一致，就难以真正信任父母。如果信任关系受到破坏，教育和引导就变得十分艰难。因此，很多育儿方法被父母当作万能药一样直接拿来使用，结果却起到了相反的作用。

## 父母要善于从孩子身上反观自身

在养育孩子的过程中，绝大部分父母都会有自己的盲点和未发现的部分。然而，越是未发现的部分往往对孩子的影响越大——因为自己不知道，所以根本无从改进。

我认为，这恰恰是养育孩子最难的地方，同时也是最有意义的地方。难就难在自知并不容易。我学习过多年的心理学专业知识，又因为心理咨询师职业的需求，做过很长时间的个人体验（心理咨询师接受咨询），即便作为这样一位专业工作者，在面对孩子时，我仍然有很多未被发现的部分在偷偷地影响着孩子。

例如，孩子有时会忽然冒出一句令我诧异的话，当我条件反射地想要反对时，忽然意识到那句话很熟悉，那不正是从我这儿学来的吗？有时，看着孩子说话时的口气、生气时的表情和言行，我常常会惊讶：那不正是我吗？我最不愿意看到或者最想改变的那些部分，被孩子真实地表达了出来。

孩子能够促使父母反观自身并获得成长。在与孩子的实际互动中，通常会激起我们一些强烈的正面情感，也会激起一些强烈的负面情绪体验，我们期望呈现给孩子的东西和我们实际呈现的往往不一致。只有做了父母，才能真切地体验到这一点。不管我们愿不愿意，我们都是整个人，而不是我们一厢情愿的某一部分在影响孩子。

现实中，孩子的一些问题行为或异常表现常常逼着父母去反观自身，父母从而得以开启自我成长之路。我认为，这是孩子送给父母最珍贵的礼物，因为它是孩子用自己的生命体验带给父母的，如果父母能够接受并珍惜这个发现自己的机会，那将是孩子最大的福分。

## 父母的自我成长才是终极育儿之道

在养育孩子的过程中，我经历过很多自我觉察的时刻，并深刻地体会到，父母的自我成长才是终极的育儿之道。

正因为如此，父母拥有专业的育儿知识，并不代表孩子就一定多么优秀和卓越。父母学习专业育儿知识的目的，除了能够让自己更好地理解孩子的成长规律，更重要的是能够促进自我的成长。

虽然自知不易，但父母只要愿意真心面对，就可能一步步获得成长。然而，如果父母拒绝看到自己的内在，只把眼睛放在孩子身上，就不可能真正地教好孩子。

提高自我觉察力，意味着父母要对自己的内心进行剖析和反省，放下那些固着、僵化、自以为是的观念，比如“我从不表里不一”“我是一个好人”“我不是一个好妈妈”“我是一个好妈妈”“我是完美的”“我很懂孩子”“我学过很多专业知识，我不可能错”等。只有这样，父母才有机会了解一个不一样的自己，并得以扩展和提高自己，让自己变得更加丰富、灵活、有趣，从而也让育儿之路变得更加坦荡。

如果父亲无法满足母亲的心理需要，孩子则无法透过母亲在精神层面上发现父亲的存在。

CHAPTER 2

# 良好家庭关系
# 是良好亲子关系的基石

# 01 缺乏安全感的孩子一生都在寻求关注

孩子要健康成长，需要的不只是安全，更需要安全感。

安全感是指人在社会生活中具有的稳定、不害怕的感觉。对于儿童而言，如果内心具有足够的安全感，就能帮助他们快速适应新的环境，从而更好地成长。

孩子的安全感具有以下几个作用：一是缓解分离带来的焦虑和思念情绪；二是增加对环境的信任，从而愿意探索周围的空间；三是对环境中的他人感兴趣，愿意合作，而不只是想从他人身上索取和获得关注；四是能够适当地表达自己的需要，并获得相应的满足。

然而，安全感的种子，需要父母在孩子幼年时就潜心种下。那么，0 ~ 6 岁的儿童在不同的发展阶段，需要父母分别种下哪些萌发安全感的种子呢？

## 0 ~ 1 岁，种下全能感的种子

在孩子 0 ~ 1 岁时，母亲要信任自己的感受，顺应母亲的天性去敏感地回应孩子，并能够享受做母亲的快乐，这样孩子全能感的种子就会发展得比较充分。

从婴儿出生到1岁是建立安全感的关键时期，如果这个阶段婴儿得到母亲细心敏感的照顾，即婴儿的吃、喝、拉、撒、闹及时得到满足，有求必应，孩子心中安全感的第一粒种子就会生根发芽。

做到这一点其实并不难，只需要遵从母亲的本能就可以实现。如今的妈妈都很爱学习，但也很纠结。母爱的本能遭遇到很多育儿知识的牵绊，致使很多妈妈常常和自己想要回应孩子的天性做斗争。比如，是否要坚持母乳喂养？是否要按需哺乳？孩子哭闹时是应该安抚孩子，还是随他哭？应该让宝宝睡婴儿床还是睡大床？……这些纠结让妈妈变得无法从容自信，常常因为陷于各种纠结而无法享受做妈妈的快乐和幸福。

婴儿天生具有感受母亲情绪的能力。因此，母亲的状态才是影响孩子安全感的关键。如果你是一个健康的妈妈，你就要相信，自己是上天为孩子准备的在人间接应他的第一个天使，要信任自己做母亲的本能，并给予孩子敏感的回应。遵从自己做母亲的自然感应，以上那些纠结的情绪就不存在了。

## 2～3岁，种下自由探索的种子

孩子学会走路后，就开始四处移动，开始了探索世界的旅程。由于对身边的世界充满好奇，孩子会离开安全的地方，不断去探索和适应新的环境，这是孩子天性的需要。这时，母亲在保障安全的前提下，需要给孩子创造一个可以自由探索的空间，并鼓励孩子去探索，自己则作为孩子身后的“大本营”。因为孩子需要时不时地看到你，需要能量时会来到你身边寻求安慰，然后转身继续探索。

如果孩子能够从母亲的眼睛里看到信任和鼓励，他就会不断拓展自己的探索范围。在这个阶段，如果孩子的离开导致母亲太焦虑，甚至通过限制孩子的自由探索来缓解自己的焦虑，比如，过分地要求干净和整洁，不许孩子碰泥土、沙子、水，在户外不让孩子摸公共场所的东西等，孩子就会从母亲的眼睛里感觉到外界是不安全的，从而压抑自己探索的欲望。不过，此时孩子的天性可能还没有那么容易被磨灭，有时还会伺机出来，但如果次数多、时间久了之后，孩子就可能彻底失去探索的愿望。这样的孩子成年后往往会形成保守、害怕变化、僵化、刻板、封闭等性格特点。

一天雨后，我带2岁的儿子在花园里玩，儿子在草地上玩起了泥巴。这时，来了一个五六岁的男孩，穿得非常干净整洁，后边跟着打扮得非常精致的妈妈。小男孩看到儿子在玩泥巴，犹豫了一下也蹲下来玩，追上来的妈妈立刻叫停了他："不许玩这个！太脏了，有细菌！"小男孩收起了片刻前自在的状态，停了一下，对我儿子说："你不要再玩了，很脏。"儿子没理会他，继续玩，小男孩变得有些生气："你再玩你妈妈会揍你屁股的！"儿子有点儿担心地看看我，我回应说："没关系，你玩吧，妈妈不揍屁股。"小男孩不甘心地说："你妈妈现在不揍你屁股，回到家里也会揍的。"儿子听后担心地看着我，我微笑着对他说："没关系，妈妈回到家也不会揍你的，你玩吧。"这时，小男孩变得有些愤怒："你妈不揍你，你爸回家也会揍你的！"

从小男孩的身上可以看到，他自由探索的火苗还没有完全熄灭。可以想象，随着妈妈一次次的压抑，这种火苗就会越来越微弱。等他长大后，看到那些能够自由探索外面世界的人，他自动化的情绪反应可能是不屑、愤怒、讨厌等。如果可能，他会用自己的方式限制别人，如他的同事、爱人、孩子等。这些情绪以及他对别人所做的限制表明，他继续在压抑内心的探索欲望，然而因为时间太久远，连他自己也觉察不到这种欲望了。

## 3～6岁，种下现实感的种子

在这个阶段，父母应当允许孩子体验适当的挫折感，帮助孩子建立规则意识，学会遵守规则。

婴儿生下来就获得了一种全能感，饿了妈妈来喂奶，哭了妈妈来抱抱，在婴儿眼中，是他让这一切发生的。如果婴儿在早期获得了足够好的照顾，他的全能感就会发展得很充分，这是安全感，也是自信的基石。

然而，随着儿童认知能力的提高，他需要放弃全能的幻想，逐渐接触真实的世界，这个过程其实就是健康的受挫过程。

生活本身已经提供了足够的机会来让孩子体验可以忍受的挫折，比如孩子摆不出想象中的积木城堡，别人有的玩具自己没有，小朋友不愿意和自己玩……遇到这些情况，孩子可能会产生各种负面情绪和行为。

然而，允许孩子体验挫折，有时对父母来说是一件非常困难的事情。比如，孩子没有搭好积木，会伤心、生气，甚至推倒别的小朋友搭好的积木。这其实是孩子体验挫折并学习应对挫折的极佳成长机会，如果父母无法承受孩子的挫折感，就极有可能介入进来：“来，我给你搭一个更大的。”“你想吃冰激凌吗？妈妈给你买一个。”“哭什么哭，有什么好哭的？”…… 这些语言和行为，都是父母为了缓解自身的焦虑和不适，从而阻止孩子去体验和处理挫折感的做法。要知道，父母无权剥夺孩子从挫折或痛苦中受益的权利。

父母只要理解孩子行为背后的信念，就能根据自己和孩子的特点创造出自己的育儿方法。但原则有两个：一是接纳孩子遭遇挫折后的情绪，并提供情感支持，因为孩子遭遇挫折后哭泣是正常的反应，如果笑反倒很奇怪；二是管教孩子的行为，比如孩子有推倒别人的积木、打人等行为，要明确告知这种行为是不可以接受的。

需要强调的是，这里的挫折是指孩子在自然发展中遇到的挫折，而不是指孩子不能承受的巨大创伤。有处理挫折经验的孩子，在面对变化时更能够承受变化所带来的挫折感，也能更快地适应新环境。

**规则看似束缚孩子，实际上它最大的作用是让孩子具有安全感。**如果孩子知道自己行为的边界，内心就会具有安全感。相反，如果孩子不知道边界在哪里，他就会带着焦虑不停地试探和寻找边界，直到有人制止他。

在幼儿的心里成功种下安全感的种子之后，这颗种子就会在孩子的生命中不断地发芽、成长，这样的孩子内心是稳定而自信的。而一个内在稳定、自信的孩子，通常具有较高的适应环境和变化的能力。

为此，请父母尽量做到“需要时出场，不需要时离场或只在场”。“出场”对大多数父母而言相对容易，“适时地离场或只是在场而不出场”有时更难做到。

## 02 在母婴共生期，被“无视”的爸爸该如何存在

真人秀节目《爸爸去哪儿》之所以热播，除了满足人们对明星真实生活的窥探欲之外，还在于它触动了社会的一根神经——父亲在育儿过程中的价值。由此，也引发了更多人对于父亲在育儿方面作用的关注。

“爸爸去哪儿”只是童年时期孩子才会提出的问题，而对于刚诞生到这个世界不久的婴儿来说，根本不存在这样的问题，因为他们的精神世界是“只有其母，不知其父”的。也就是说，现实生活中围绕在他身边的那个笑得合不拢嘴、忙得屁颠屁颠的男人，基本上被他“隐形”了。但“被隐形”并不意味着可以不存在。

事实上，作为家庭三角关系“父亲—母亲—孩子”中的一角，父亲对孩子的心理发展发挥着独特的作用且具有深远的影响。接下来，我们就从孩子成长的纵向脉络来剖析父亲在孩子精神胚胎形成过程中的影响。

### 一元阶段——母婴共生期，爸爸虽然“被隐形”，却绝不能缺位

婴儿透过母亲的眼睛看到自己，父亲为使母婴关系不受外界干扰

而提供精神和物质保障，但父亲在婴儿的精神生活中并不存在。

母婴共生期一般是指从孩子出生到 6 个月这段时间。在母婴共生期，婴儿虽然在身体上与母体分离，但在心理上没有能力区分自己与母亲是两个人，而是把自己与母亲当作一体。

在一元的母婴关系里，表面上看父亲好像不存在，事实上，父亲在这一阶段的功能有两个：一是接纳母婴之间的紧密关系；二是能够为此关系提供物质和心理的安全保障。

现实生活中，如果父亲的人格成熟度不够，就会感到自己被排斥于紧密的母婴关系之外，从而难以容纳母婴关系。为了消除这种被排斥感，有的新生儿父亲可能会去外面寻求一段亲密关系，以对抗被母婴关系排斥的感觉。表面上，人们通常认为男人这样做是因为性的需求，其深层原因更可能是其不成熟的心理驱动所致。

如果父亲不能容纳母婴亲密的关系，他的第二个作用非但不能实现，还会分散母亲的注意力，影响母亲的情绪，从而影响母婴关系的质量。母婴共生阶段的主要表现之一，是婴儿与母亲在情绪上具有同步性，婴儿透过母亲的眼睛看到自己并获得经验。一位忧伤、焦虑的母亲和一位幸福、快乐的母亲，给婴儿带来的心理影响差异不言自明。而且，母婴关系的质量越早被破坏，对婴儿心理发展的负面影响就越大，后期修复的难度也越大。

父亲能够容纳亲密的母婴关系的同时，还需要提供物质和心理的安全保障。现代城市以小家庭为主，生孩子之前，往往夫妻与父母分开住，家庭关系比较简单。有了孩子之后，中国家庭由祖辈帮忙带孩子居多，这样一来，三代同堂、婆媳关系、岳父母和女婿的关系、夫妻关系、亲子关系等众多关系一下子错综复杂起来，再加上育儿理念和方法的冲突，很容易导致新家庭矛盾升级。

所有矛盾中，往往以婆媳矛盾最为普遍，也最容易影响小夫妻的关系。而作为婴儿的父亲、母亲的儿子、妻子的丈夫的这个男人，如果他能智慧、有效地处理婆媳关系，家庭关系就可能相对和谐，妻子会在心理上获得较多的支持，母婴关系的质量就可能得到更多保障。反之，如果这个男人不能有效处理婆媳矛盾，或者干脆一逃了之，让两个女人直接面对面解决冲突，往往会导致矛盾升级。这个男人的母亲通常会抱怨儿子“不向着自己妈”“怕老婆”等，妻子则会抱怨丈夫“没用”，甚至“不爱自己”等，严重的甚至可能导致婚姻破裂。在此种家庭环境下，母婴关系的质量自然难以得到保障。

曾有一位男子因为人际关系的困扰前来咨询。在他的记忆中，自己从小就被人欺负，如今的情况依然如此。他尽力给别人提供帮助，而当自己需要帮助时，非但身边没有人愿意挺身相助，反倒还有人与欺负他的人一起起哄，为此他感到非常郁闷和困惑。在谈到家庭时，他回忆说母亲比较软弱，奶奶和姑姑比较强势，常常干涉和批评母亲，而父亲则认为自己的妈妈和姐姐批评老婆两句没什么恶意，不但听之任之，大多时候还向着自己的妈妈和姐姐说话。这位男子的母亲觉得自己被夫家欺负却得不到丈夫的支持，只有儿子和自己相依为命。这位男子认同了母亲的感受，并内化了这种人际关系模式。

这位咨询者现在的人际关系模式恰恰复制了母亲的人际关系模式。他为了避免被人欺负，不断地讨好他人并让渡自己的权利，结果自然难以得到尊重，从而导致如今的人际困境。这或许与他年幼时父亲不能为母亲提供足够的精神安全保障有很大的关系。

## 二元阶段——“分离—个体化”阶段，让母亲幸福的父亲才能“被发现”

随着婴儿逐渐长大，他慢慢认识到自己与母亲是两个人，并且开始透过母亲的眼睛看到父亲的存在。父亲通过精神上满足母亲，使婴儿看到自己。

二元阶段通常指孩子 6 个月到 3 岁的时期。“分离—个体化”是指婴儿从依恋母亲到与母亲精神上开始分离的过程。

在个体化的过程中，婴儿需要母亲一致、稳定、表里如一地疼爱自己。**母亲要做的，不是从自己的心理需求出发去控制孩子的发展，而是根据婴儿内心的需要去积极地满足孩子的心理发展需求。**

这时，母亲需要从一个绝对好的、无缝对接的照顾者，转变成一个足够好的、能够尊重孩子个体发展需要的帮助者。只有实现了这样的转变，母亲才能给孩子提供一个发展自我的空间，让孩子感受到自己的力量，从而逐渐有勇气离开母亲独立生活。

特别是在孩子具有探索未知的愿望时，母亲应该在关注孩子的同时，给予孩子自由探索的权利，而不是因为自己焦虑或为了满足自己的控制感，限制或者剥夺孩子的自主权。这种尊重的爱，可以为孩子的幸福感、独立生存的勇气和信心打下坚实的基础。

在这个时期，父亲的作用表现在哪里呢？

一个忧郁、焦虑、不快乐的母亲，很容易沉浸在自己的感受里，很难看到孩子的心理发展需求。她更可能潜意识地通过控制孩子来满足自己的心理需求。孩子会非常敏锐地捕捉到母亲的潜意识需求，并用自己的方式来配合母亲，而这通常是以牺牲自己的成长为代价的。

在二元的母婴关系里，婴儿的全能感仍然让他觉得自己是唯一能够满足母亲的人，他肩上承载着母亲的快乐和幸福，当然会责无旁贷、全方位地投入到让母亲快乐、幸福的工作中去，除非他发现有人能够满足母亲，或者母亲能够自我满足。而母亲总是生活在她跟父亲的关系里，不需要父亲，能够自娱自乐、自我满足的母亲并不常见。

因此，如果父亲能够满足母亲的需要并使母亲快乐，孩子就会透过母亲发现，原来这个世界上还有一个人能够满足母亲的需要，而且他俩的关系还很亲密，甚至超越了自己和母亲之间的关系。直到这时，婴儿才从精神上发现了父亲的存在，父亲忙活了几年，终于从幕后走向了台前，开始在孩子成长过程中产生直接的影响。

这个阶段也预示着母婴二元关系接近尾声，儿童成功地进入三角关系中，一个崭新且有意义的心理发展阶段开始了。

## “未被发现”的父亲等于不存在

如果一个儿童无法从精神层面看到父亲的存在，就会停滞在母婴二元关系里，这和现实中父亲是否存在没有绝对关系。

在我从事心理咨询的过程中，有这样一个案例：

一个三四岁的男孩在幼儿园适应不良，常常告诉妈妈老师打他，这让妈妈感到非常焦虑。但事实证明，这种事情并没有发生过。而且小男孩半夜常常会大喊大叫，说些幼儿园里的事情，妈妈有时抱着他十几分钟后，孩子才清醒过来。后来，这个孩子发展到根本无法上幼儿园。孩子的妈妈是全职妈妈，爸爸偶尔回家，母子虽然经济上还算宽裕，但妈妈的眼神中常常充满忧郁和悲伤，而且经常流泪。

试想一下，当孩子在家时，母亲至少可以通过照顾孩子来驱散孤独。孩子若离开家，留下母亲独自面对内心无尽的悲伤和孤独，他是不可能投入到新生活中去发展自己的独立性的，他会想尽一切办法重回母亲身边，用自己的方式去照顾母亲，而自己心理发展的需要自然要往后放。所以，孩子是在用生命照顾母亲，因为母亲不好，他就不会好。

如果孩子一直停滞在母婴二元关系中，无法在精神上发展出独立的人格，就容易发展成为精神分裂症患者。反过来，这类精神分裂症患者往往都没有从母婴二元关系中成功分离出来。

总之，如果父亲无法满足母亲的心理需求，孩子则无法透过母亲在精神层面上发现父亲的存在。

当然，母亲也不能因此把自己不幸福的责任归咎于丈夫，因为一个人的幸福并不能由另一个人来负责。母亲要学习的是，为自己的幸福负责，有能力让自己享受生活、体验幸福。

## 03 让缺席的爸爸不缺位——写给单亲妈妈

奥地利著名精神分析师阿德勒在他的名著《自卑与超越》中提出，儿童容易把特殊的经验当作未来生活的基础，当他以此经验来指导自己未来的生活时，就有可能存在某种错误。

在现实生活中，由于夫妻离异导致父亲缺席的现象并不少见。由于离异常常会引起夫妻之间较深的怨恨和愤怒，对于孩子而言，自己最爱的两个人之间关系如此糟糕，孩子内心不仅矛盾和冲突较多，而且经由父母的关系获得的原始经验通常会对日后的人际关系尤其是亲密关系造成深远的负面影响。如果想减少父亲缺席所带来的心理影响，则需要对父亲的缺席重新做出解释，并赋予新的意义。

### 夫妻离异，亲密关系的重大创伤

攻击。攻击对方是离异母亲最常见的做法，她们通常被自己的愤怒和怨恨所控制，常常会不由自主地把孩子视为同盟来攻击对方。根据母亲性格的差异，这种攻击通常可以分为被动攻击和主动攻击。

被动攻击是指母亲通过呈现自己的辛苦和艰难等，用非常隐秘的方式向孩子传递“我之所以今天这么辛苦，都是你父亲造成的”之类的信息。主动攻击则表现为母亲通过身体或语言等可见的方式直接攻击对方，并告诉孩子，你父亲是个不负责任的人，他抛弃了我们，他不爱我们。

攻击和指责通常会让攻击者的感觉更糟糕。当我们指责和攻击时，本来仅存的美好关系也一点点被破坏掉了，进而体验到更多的丧失感，而丧失是导致抑郁的重要因素。孩子也会在母亲的攻击中失去对父亲的好感和依恋。

避讳。夫妻双方离异后，有的母亲尽量避免在家里提起孩子的父亲，仿佛孩子从来不曾有过父亲似的。这样做的原因通常有两个：一是自己不愿意提起伤心往事，希望能够淡忘；二是为了保护孩子，希望孩子不要想起父亲，或者不想让孩子因为觉得父亲不在身边而感到自卑。

这种情况下，家庭氛围会有一种奇怪的感觉，大家都知道有个人存在，但都不能谈论和提及，而是需要小心地绕开。就像“屋子里的大象”[①] 式的思维一样：一件坏事，只要不讲出来，就等于没有发生过；只要不讲出来，它的伤害程度就会减轻。其实，不讲出来的伤害，要大过讲出来的一切伤害。这是一种自欺欺人的心理。

合理化。合理化是指当个体被迫接受事件、结果或处境时，通过给自己一个合理的解释来减少内心的冲突。离异母亲为了缓解自己内心的冲突，有时会采用合理化的防御方式来减少离异对自己的冲击。比如，妈妈告诉孩子：“妈妈和你在一起不是也很好吗？我觉得现在更自由自在。”

合理化其实是一种相对高级的解决问题的方法。然而，这种方式

---

① 英语谚语，指那些触目惊心地存在着，却被明目张胆地忽略甚至否定的事实或感受，即那些“我们知道，但是我们清楚地知道自己不该知道”的事。

可能会给孩子带来一些认知和体验上的困惑：婚姻是束缚人的吗？妈妈真的不需要爸爸吗？我却宁愿爸爸管制自己也想要爸爸在我身边，我的感觉对吗？这可能会对孩子今后的婚恋观产生不良的影响。

## 父亲“不在”不等于“不存在”

在以上几种处理父亲离场的方式中，母亲给孩子灌输的主要是有关父亲的负面观点：你的爸爸不要你，他坏透了，他不负责任，他不重要。在这个过程中，孩子会不由自主地站在母亲这一方：我不能喜欢或亲近爸爸，如果那样，妈妈会不高兴，会难过，甚至可能会不要我。

然而，孩子毕竟也是父亲的孩子，他的生命中必然有父亲的一半。孩子在意识层面越是压抑对父亲的爱，在潜意识深处就越是存在相反的强烈力量，他会隐秘地用自己的方式表达对父亲的忠诚，也是对自己生命的忠诚。

此外，母亲所强调的父亲身上的缺点，在未来的生活中可能会在孩子身上戏剧化地出现。这种心理上的分裂会带来心理上的痛苦，进而可能产生各种身体疾病。比如，孩子明明体验到父亲对自己的爱，却因为要让母亲高兴而不能认可父亲的爱，必须压抑下去，压抑的能量就可能以疾病的方式表达出来。

## 母亲需要帮助孩子塑造一个“精神中的父亲”

孩子要在意识层面认同父亲，需要有一个积极的父亲形象。而这个积极的父亲形象则主要透过母亲的眼睛来获得，对于父母离异的孩子尤其如此，因为他们与父亲缺少实际的接触。

**避免让孩子卷入夫妻关系的纷争中。**即使母亲独自抚养孩子，仍然可以帮助孩子从精神上看到父亲的存在，并且努力避免让孩子卷入夫妻关系的纷争中。这一点对于因为离婚而心存怨恨的母亲而言是一个提醒，当然也是一件非常不容易做到的事情。

如果可能，离异的双亲尽量不要利用孩子作为惩罚对方的工具，比如为证明自己是对的或自己是受害者，把对对方的怨恨转嫁给孩子来承担，或者通过剥夺孩子与对方见面的权利来惩罚对方等。孩子在父母之间的爱恨情仇中，会有很多难以处理的挣扎和冲突，这种混乱的感觉对他的负面影响将是深远的。

**告诉孩子，父母离婚和他没有关系。**之所以这样告诉孩子，是因为儿童会自然地认为，是自己不够好才导致父母离婚，他的内心会承受很大的心理压力，在这种压力的驱使下，他自然会用自己的方式卷入到父母的关系中。所以，父母需要清晰地告诉孩子，父母分开和他没关系。

父母之间发生冲突时，有的孩子会表现得格外乖巧，因为他认为是自己不好才导致父母发生冲突；有的孩子则会有些很搞笑的表现，因为他想通过逗乐父母来缓解压力和焦虑；有的孩子则可能会表现出一些异常行为，以把父母的注意力转移到自己身上。如果能让孩子明白，父母的关系冲突与他没有关系，孩子就更可能坦然面对这一切。

**帮助孩子看到多种关系。**在父母和孩子组成的三角关系中，除了夫妻关系，还有母子关系和父子关系。父母离异后，虽然夫妻关系不存在了，但血缘关系是永恒的，孩子仍然可以同时拥有母亲的爱和父亲的爱。孩子永远是父亲的孩子，并没有随着婚姻关系的结束而被父亲抛弃。

**帮助孩子看到父亲的优点。**对于一个离开自己的男人，母亲要肯定他的优点是一件不容易的事情。事实上，任何婚姻的解体都有夫妻双方的原因。尽管婚姻关系结束，但对方的优点并不会随之消失。

当母亲能够帮助孩子看到并肯定父亲的优点时，孩子会更自信，也更可能认同那些优点。这些优点和积极之处主要依靠母亲来传递，比如，母亲可以说父亲温厚善良。孩子有一半血缘来自父亲，在他看来，自己的父亲拥有的优点，自己也应该拥有。

在这一点上，美国总统奥巴马的母亲堪称典范。虽然离婚后老奥巴马在奥巴马的生活中几乎从未出现过，也未尽过责任和义务，但这并没有影响母亲帮助奥巴马认同自己拥有一位有很多优点的父亲。

**允许父亲出现并带孩子玩。**既然父子（父女）关系仍在，父亲就应该尽可能地履行他的责任。母亲要帮助孩子享受与父亲共度的时光，并且不让孩子对母亲产生内疚感。

必须提醒的是，母亲在帮助孩子建立“精神中的父亲”的过程中，所有的语言和行为不能只是敷衍了事、说说而已，更重要的是母亲内心的状态是良好的。做到这些虽然很难，但至少在面对孩子时，母亲应该把自己调整到相对和谐的状态。不要试图欺骗任何人，我们的每个毛孔都会表达真实的内心。尤其不要欺骗孩子，因为他们是感受的专家。

## 04 别让父母的童年创伤传递给孩子

你所害怕的常常就是未来发生的，你所竭力避免的常常会变成现实。

著名精神分析师阿德勒在其名作《理解人性》中，用过度补偿的心理机制有力地解释了许多心理现象：

> 人在幼年时是弱小、无助和自卑的，所以他生活的所有目标都指向了超越自卑。如果由于周围环境的原因，在自卑感的压力下或在个体认为自己渺小、无助的痛苦想法的折磨下，灵魂会竭尽全力成为自己的主人。当自卑感强大到一定程度时，儿童会害怕自己无法补偿自己的软弱，于是在力求补偿时，危险出现了。他将不满足于力量平衡的简单恢复，而是要求一种过度补偿，寻求一种衡量标准的超值。从而他对权力的奋争可能会夸大和强化，以至于出现病态。这时，普通的生活关系就不再令人满意，在此情形下的运动都表现出某种夸张的姿态。

### 你所超常付出的，正泄露了你的匮乏

试想这样一个情景：你正在非议一个人，那个人忽然出现在你面

前，你会有怎样的反应呢？通常你会表现出过分热情，没话找话地和对方聊，想确认对方是否听到了自己对他的非议。而这种表现反过来会让对方感觉有些奇怪，即便对方没有听见你的非议，也会想：“这个人今天怎么回事？是不是做了什么对不起我的事？”

这就是过度补偿的心理机制，因为自己的心虚和焦虑，为了补偿心虚和焦虑所做的那一部分就是过度补偿。这样的生活现象比比皆是。在外努力工作一天的丈夫，回到家中看见妻子通常不会过分热情地讨好她。而如果丈夫背着妻子做了对不起她的事情，他看见妻子时往往会过分殷勤地讨好，以补偿自己的心虚。本来想要减少一件事的影响，却因为过度补偿而泄露了自己的内心，从而使竭力想要避免的事情变成了现实。

人的内心有一种力量，即渴望内在的平衡与和谐。如果人感受到不平衡，心灵会采用自己的方式力求达到平衡，此时过度补偿就会出现。这一点类似矫枉过正的现象——通常“矫枉”都是“过正”的，否则就无法体现对“枉”的“矫正”。

## 父母自己所不愿看到的，往往会在孩子身上重现

阿虹的父亲和母亲之间冲突很多，后来父亲有了外遇，母亲一气之下决定离婚。母亲独自把阿虹养育到3岁后，再嫁了。阿虹的继父有一个大阿虹几岁的女儿。在这个重新组成的家庭里，阿虹一直觉得自己被当成外人，经常受到姐姐的欺负，母亲在需要的时候也不能保护自己。

年幼的阿虹发现，学习能够帮助自己确立地位，于是她

非常努力，成绩远远超越姐姐，还考上了名牌大学，继父对她比以前好了很多。大学毕业后，阿虹找到一份体面而且薪水不错的工作。春风得意的她看起来已经与幼年那个弱小无助的小女孩没有任何关系了。

然而，当阿虹有了自己的儿子后，她经常担心儿子被别的小朋友排斥和欺负。在儿子临上幼儿园时，阿虹经常控制不住地想象儿子被同学欺负的情景，这个情景让她备受折磨，几近崩溃。后来儿子上了幼儿园后，真的时有被欺负的经历：今天脸上有了伤，明天被哪个小朋友抢走了东西，等等。每天儿子从幼儿园回家，阿虹就会非常焦虑地询问："今天谁又欺负你了？你有没有告诉老师他抢你东西？"

即便是在儿子被别的小朋友拒绝时，焦虑的阿虹也常常会做很多工作来安慰孩子受伤的心灵，好像孩子真的被欺负了一样。在这个过程中，阿虹强化了孩子被欺负的感受，孩子逐渐认同了自己是个受害者，是个容易被欺负的人。带着这样的自我感觉进入到任何集体中，他似乎都在向周围的人发出一种召唤："快来欺负我呀，我就是那个经常被欺负的人。"这样的姿态和透漏出的信息，反倒激发了那些需要通过攻击或欺负别人才能获得积极自我感觉的孩子的欺负行为。

从这个案例中可见，阿虹小时候未了的情结不是消失了，而是被压抑下去。当她有了自己的孩子后，重新唤起了自己幼年时的感受。由于阿虹并不知道是自己内心的情结在起作用，因此她通过在现实生活中发现一些蛛丝马迹来印证自己的焦虑，获得一种"我猜得没错"

的感觉。借着这种感觉，她就可以通过对儿子进行安慰和心疼来补偿自己童年缺失的关爱和照顾。

从心理意义上而言，阿虹照顾的其实是童年的自己，她也许从来没有真正地“看见”过儿子，她在自己内心焦虑的驱使下，塑造了一个最能理解自己童年感受的儿子。

在意识层面上，阿虹觉得自己曾经的感受不愿意再被儿子体验，自己曾经受过的苦不愿意让孩子再受。然而，在潜意识层面上，她因为太担心、太害怕，结果连正常的拒绝也不能忍受，从而对普通的拒绝做了过多的工作，致使自己竭力在儿子身上避免发生的事情，最终变成了可怕的现实。

## 发现和了解自己，避免把创伤带给孩子

很多妈妈常常因为某方面的缺乏或恐惧，而不满足于现有的状态，想通过孩子进行补偿。而真实自信的妈妈，对孩子健康的受挫过程通常不会进行过多的干预，因为她的内心不会被这些所谓的挫折打破平衡状态。自信的人不担心被否定，因为他们能够接纳自己，允许自己有不足；真正心存善意的人不会反复强调自己的善；害怕自己的恶意被发现的人，总是过分强调自己所做的一切都是为他人好，自己什么都未获得……

这一切是如此隐秘地存在着，以至于很多时候连当事人自己也不会认识到这些。看来，发现和了解自己不是那么容易的事。然而，只要父母愿意去面对，一点点地去发现那个深藏在无意识状态下的自己，就会对生活有更多洞察，从而避免因为自己童年的创伤而给孩子造成同样的伤害。

## 05 如何切断负向亲子关系的代际传递

养育孩子的真理，不在看似打动你的方法和道理中，反倒存在于那些悄无声息、日积月累，但我们却不以为意的亲子互动中。这也是很多父母尽管学习、了解了很多育儿理念，但在现实中仍会觉得困惑的重要原因。

### 家庭日常互动是亲子关系的真实体现

幼儿园要开运动会了，老师让小朋友们每人设计一个运动会的会徽，大家集体投票，票数最高者胜出。童童很兴奋，爸爸拿出了专用的画纸，童童拿起画笔，正要挥洒时，妈妈着急地说："不要直接在这张纸上画，先找两张草稿纸，画好了再在画纸上画。"

童童停下来，迷茫地看着妈妈。他不是在考试，也不需要画一幅完美的画，他只是在无拘无束地表达自己。然而，妈妈害怕童童画不好，指导他先在草稿纸上练好，再在画纸上画。

幸运的是，爸爸示意妈妈不要干预，让孩子直接画就好，不要把这件事当成比赛一样地追求结果。再说，孩子画好再往画纸上誊时，很难自然地表达，也不可能像初次创作时全情地投入到画画中。他很可能变得焦虑起来，害怕出错，害怕画得不满意。

这样的家庭片段，或许我们并不陌生，而背后反映出来的亲子互动过程和关系特点非常值得品味。

## 人际关系的三种模式

人与人之间的关系，透过表面的人际互动，可以在更深层的意义上分成不同的关系。萨提亚模式的治疗大师约翰·贝曼曾经阐述过三种不同的人际关系。

### 人际关系类型 1：我和物的关系

我和物的关系，指把人际交往的对象当成满足自己的物的存在。在“我和物的关系”中，我没有看到对方这个人的存在，只有对方是否匹配或满足了我内心的渴望或期待。这是一种相对不平等的关系。

一位渴望被爱的母亲，看到孩子和天天照顾他的爷爷奶奶亲近，心中很不悦，这种不悦和失落情绪本身是可以理解的，但是如果带着这种情绪对孩子和祖辈心存不满，怨恨他们，则是把孩子和祖辈物化了。因为母亲没有考虑到孩子和祖辈是有情感的人，他们不是像物一样的存在。而她内心深处无法接受他们长期相处有更深的情感，其实是一件再合理不过的事情。

很多人际关系都是这种深层的不平等关系。“我和物的关系”如果长期存在，必然会以其中一方的压抑或牺牲为基础。

前面的案例中，童童妈妈虽然很爱孩子，但她显然并没有看到孩子这个人，而是顺着自己的焦虑去行动，孩子就成了母亲缓解焦虑的工具。

## 人际关系类型 2：我和你的二元关系

在“我和你的二元关系”里，我把你看作一个人，一个非对即错的人，我和你之间的冲突往往在于谁对谁错。

显然，二元的世界里非要分出是非对错，其冲突是不可能找到双方都满意的解决方法。说服一个人让他真心地承认自己是错的，实在太难，因为对于有些人而言，这几乎就等同于他的信念被否定。那些信念通常是他的生存之道或者获取自我价值的途径，比如，我是一个好人，我是一个无私的人，我是一个努力的人，我是隐忍而善良的，等等。信念是他生活中寻求确定和安全感的“拐杖”，如果你硬生生地把它拿掉，还让他怎么活下去？除非他能找到新的、更稳定的支撑，比如，学习无条件地爱和接纳自己。

二元的关系其实是赢和输的关系，表面上赢的人实际上输了关系。

在我咨询的个案中，来访者几乎都无意识地通过各种方式期待咨询师认同他们非常执着的信念。然而，这些信念恰恰是不断带给他们困扰的重要原因之一。可以想象，一个主动寻求自我发现的人都如此难以动摇自己的信念，更何况被迫承认错误的人呢？

## 人际关系类型 3：我们的关系

“我们的关系”，关键不在于你我，而在于我们，我们之间在人的层面上彼此联结。我们彼此允许对方存在的方式，也允许自己存在的方式，双方能够看到自己，也能够看到对方内心最深切的渴望，例如，渴望被爱、被接纳、自由、有意义等。这是一种彼此滋养的关系。

这种关系虽然强调的是“我们”，但是双方之间并不纠缠，而是界限清晰，正如萨提亚女士所说的那样：

> 我爱你而不用抓住你，
> 欣赏你而不用批判你，
> 和你齐参与而不会伤害你，
> 邀请你而不必强求你，
> 离开你也无须言歉疚，
> 批评你但并非责备你，
> 帮助你而没有半点看低你，
> 那么我俩的相会就是真诚的，并且能够彼此滋养。

在实际生活中，“我们”之间在联结（感觉到与对方同在，感觉到自己被尊重）的基础上，分享彼此的需要和感受而不担心被利用、攻击和评判，在协商的基础上达成一个双方都认同的结果。

## 亲子关系模式：父母内心亲子关系模式的再现

亲子关系不同于普通的人际关系。因为父母居于强有力的一方，孩子缺少对父母的心理防御能力，所以父母内心的亲子关系模式往往塑造了自己与孩子的亲子关系模式。

孩子有可能与父母发展出三种可能的关系。

第一种是父母强势、孩子压抑，或是父母讨好、孩子跋扈。

只关注自己的感受，通过控制孩子，让孩子来满足自己期待的父母，有可能把孩子养育成物化的人，一个为了实现某种目标的工具。孩子只有压抑自己的个性，难以享受生活的乐趣，或表现出被动的攻击，比如，你想让我好好学习，我就是成绩不好，因为如果我成绩好，就是替你实现了目标，你就得逞了。

如果父母与自己的父母之间是顺从与支配的关系，这样的父母有可能让孩子顺从自己，也有可能再也不愿意让孩子像自己一样，而是在关系中压抑自己的需要，把自己当作满足孩子期待的工具，没有原则地迁就、讨好孩子，孩子就处于绝对支配的地位。这种关系中，孩子有可能飞扬跋扈，无视他人的权益，以自我为中心。

第二种是亲子之间输和赢的关系。

作为二元的对立存在，亲子双方很容易陷入你对我错的反抗和冲突关系中。父母常常把孩子当作成人一样事事讲道理，事事要分对错，要求孩子像成人一样思考问题和做事。这种关系中，孩子习惯借助理性来处理和应对恐惧，理性既是他面对困难的解决方式，也是他试图理解世界的方式。由于孩子认为任何事情都有个绝对的外在标准，因此他理性的外表下往往隐藏着深深的焦虑。这种关系中的孩子通常缺少丰富的情感体验。

有的父母会非常执拗地强迫孩子承认错误和道歉，关注的点永远是做错了没有、选择对了没有、这样做对不对等，而较少关注这样做是否合适。所以，这种关系中的孩子有时特别认死理，爱钻牛角尖，显得僵化和执拗。这种亲子关系，通常比较疏离。

第三种是共享亲子关系。

这是一种更亲密、更轻松，可以自由成长为自己，也允许对方成为自己的关系。

这种关系中，父母通常把孩子当成一个独立的人，能够看到并接纳孩子的不一样，允许孩子以自己的方式存在。在安全的前提下，允许孩子自由选择，如他怎么玩、画什么，允许孩子选择自己喜欢的玩具、衣服等比较个人化的生活内容，允许孩子做符合年龄特点的决定。比如，你不能因为尊重孩子，而把生不生二胎的决定权交给一个六七岁的孩子。然而，你可以允许他以自己的方式来拼乐高，而不是一定要拼出一个看起来多么漂亮的东西。

这种关系下的孩子精神相对自由，不过分纠结对错，能灵活处理事情，能够接受被拒绝，也能够拒绝别人，这使他作为人这个主体能够得到一定程度的表达，负面情绪体验也会相对较少，尤其羞耻、过分地自责、愧疚这些限制人心灵的情绪。这种亲子关系下成长的孩子，更可能和别人创造出“我们”这样一种滋养的关系。

当然，这种“我们”的关系并不容易达到，需要不断地学习和自我觉察，向这种精神上相互滋养的关系靠近。

## 如何切断负向亲子关系的代际传递

父母不是完人，孩子也不需要完美的父母。然而，如果父母缺少自我反思，则可能会使自己或者家族的创伤体验在孩子身上重演。

我曾经有过多次瞬间的体验，即当我在气头上训斥孩子时，看到孩子无措、害怕的样子，恍惚间像是穿越时光看到了幼年某一刻的自己。后来，我就此体验和许多父母沟通过，发现许多父母都有过类似的体验，只是他们并没有在意。然而，随着我的反思，在即将爆发前那一刻，我可能更快地觉察到，或者即使爆发，也更可能从孩子身上看到自己的影子，觉察到自己的情绪失控，从而停下来，与孩子平和而真诚地沟通彼此的体验和感受，并讨论可能的选择和决定。

父母的自我反思，可以减少孩子体验父母曾经体验过的创伤。

童年经常被欺负的母亲，容易对孩子被欺负过分敏感，并且常常担心孩子会被欺负。不管母亲做了什么或不做什么，那弥散在亲子之间的担心和焦虑，其实让孩子替代性地经历了自己童年的创伤。

如果父母进行自我反思，在自己与孩子的情绪之间划清界限，不用自己的经验代替孩子的情绪体验，就更有可能在亲子互动时及时地觉察和捕捉到自己的情绪影响孩子情绪的时刻，并及时地停下来。

父母及时觉察后，可以进行诸如以下的自我提醒：这是我的感受，孩子的感受可能并不一样，我应该关注一下孩子的反应。这样，真实的孩子就会被看见，代际传递就可能停下来，孩子就有体验自己生命的自由。

不管目前情况怎样，父母千万不要过于自责，反而更要接纳自己，因为只有在接纳的基础上，才可能有所改变。更何况，你今天这样对待孩子，一定是因为你曾经被这样对待过。

通常而言，你现实中的孩子就是你“内在小孩”的样子。所以，你首先应该接纳的是自己“内在小孩”的部分，这样在看见孩子相应的行为时，被安抚和接纳的这一部分就不容易被激发，从而更容易看见孩子真实的需要，接纳眼前真实的孩子。

有一位朋友说：“我很懒，你说要接纳自己，难道懒惰也应该被自己接受吗？”

是的，即使你糟糕透顶，接纳而不嫌恶也可能是改变的开始。接纳是指接纳一个人原本的样子，允许他以自己独有的方式存在。接纳并不代表喜欢，而是允许。具体到懒惰的问题，你可以尝试体验接纳和不接纳的区别。

和自己进行接纳的对话：即使我懒，我仍然是值得被爱的，仍然是有价值的，我允许自己以这样的方式存在世间。这样，当我们看到孩子时，就不会一看见孩子“懒”而心生怒火，更可能看到孩子的真实处境，选择合适或者有效的回应方式。

而不接纳的自我对话通常是这样的：我怎么这么懒，唉，我怎么改不了这个毛病？我太没有意志力了，人家为什么都可以起得那么早？我真是没救了。

如果父母不接纳自己懒，觉得懒不好，作为最真实自我的那部分就会产生对抗的力量，从而一看见孩子“懒”就想去改变他，试图从他身上去之而后快。显然，这隔断了真实的亲子交流，因为在关系对立的情绪下，父母的教育必将是无效的。

好的规则其实可以给孩子带来自由，因为当孩子不知道行为的边界在哪里时，首先要做的不是自由地行动，而是去试探行为的边界。

CHAPTER 3

# 接纳是对孩子最有效的管教

# 01 接纳孩子的情绪，管教孩子的行为

所谓接纳孩子，就是让孩子感受到你的爱是完整的，而不是你只喜欢他的某些方面。你愿意倾听他的内心，理解他的情绪和感受，他就不会担心被你拒绝和否定。接纳是建立亲子关系的第一步，然后才有真正的教养。

## 接纳就是愿意了解一个真实的生命

人本主义治疗大师卡尔·罗杰斯创立了“来访者为中心”的疗法，其核心理念就是无条件地接纳来访者的情绪。

接纳就是放下自己的价值判断，愿意走进一个人的内心，愿意去倾听和了解对方。无条件地接纳一个人的情绪，就是接纳他作为一个人所拥有的全部情绪和感受。

人们很容易把自己的观念和价值判断加诸别人身上，这一点在父母面对孩子时表现得尤甚。下面是一些生活中常见的不接纳孩子情绪的情境。

情境 1

孩子：妈妈，我害怕小狗。

妈妈：小狗有什么可怕的，别怕，你可是男子汉啊！

情境 2

孩子：妈妈，我不想和田田玩。

妈妈：他不是你的好朋友吗？你上次不是还吵着要找他玩吗，今天怎么又不想和他玩了？他知道后该多伤心啊！

情境 3

孩子：妈妈，我不想起床，我不想上幼儿园。

妈妈：幼儿园多好啊，里面有好多小朋友和玩具。

情境 4

孩子：我担心自己做不好这件事。

妈妈：怎么会呢？你一定可以的，你上次不是做得挺好的吗？

……

父母如果放下判断，愿意去了解孩子的内心发生了什么，就更可能真正地去接纳孩子的情绪，从而让亲子沟通变得相对容易。

针对情境 1，下面列举出几种基于接纳的回应，但这样的回应并非一定有效，因为说话者的内心状态是决定语言力量最重要的因素。

有趣的妈妈可以用游戏的方式回应：一边做出夸张的样子，一边说："我也好怕怕哦。"当妈妈这样反应的时候，恰恰表明孩子害怕小狗这种情绪是自然、正常的。如果妈妈不接纳这种情绪，就会很认真地想纠正孩子的这种感受。另外，妈妈表现出夸张的反应，孩子可能会咯咯地笑着学妈妈，这样可以帮助孩子释放紧张感。

如果妈妈难以做出这种反应，但只要内心接纳，也可以自然地说："没关系，有妈妈在，妈妈会保护你的。"这样，孩子害怕的情绪没有被否定，而且得到了来自妈妈的安全保证，会增加自信。

此外，妈妈也可以说："妈妈小时候也怕小狗，后来不知道什么时候开始就不怕了。"

以上都是基于接纳的反应。接纳的反应有一个共同点，即孩子的情绪被"看到"，并且孩子也能够体验到这种情绪是自然的。

如果妈妈不接纳孩子的情绪，可能会让孩子得到一种"二级情绪"，即对自己"害怕小狗"这件事的负面评价和不接纳。令他困扰的可能不只是害怕小狗本身，而变成了"我为什么会害怕"这个问题，他可能会变得害怕"自己害怕"这件事，这样孩子内在的冲突和控制就开始萌芽，并由此体验到新的负面情绪，如羞愧、内疚、丢脸等。

## 不被接纳的情绪会激发负向的保护策略

情绪是我们的一部分，它有信号的功能，像信使一样提示着个体内在发生着什么。如果我们否定了一个人的情绪，在体验层面上这个人就被否定了，一个经常被否定的孩子，是很难建立真正的自信的。

为了自我保护，有的孩子可能会选择回避自己真实的情绪，表现出他人希望自己表现的样子。比如强迫自己照顾他人、不是发自内心地笑等，以此来获得周围人的喜欢。强迫性地使用这种策略的孩子，将来抑郁的风险可能很高。

有的孩子则可能通过夸大的负面情绪甚至是报复、攻击的方式，来获取关注或照顾。他好像不断地向周围的人发送信息："你看我都这样了，快来爱我吧！"强迫性地使用这种策略的孩子，将来有反社会型人格或精神疾病的风险。

在情境1中，妈妈看到孩子胆小，觉得他与自己头脑中勇敢、自信的理想小孩不一致，她在这一刻是不接纳眼前这个真实而胆小的孩子的。在焦虑的驱使下，她想去塑造一个理想小孩。于是，妈妈的反应是："不怕，小狗有什么可怕的，你可是男子汉啊！"这时，孩子接收到的信息可能是：妈妈不爱胆小的我，胆小不好，我是个胆小的、不可爱的孩子。

没有爱，尤其是没有妈妈的爱，对孩子而言通常意味着死亡。孩子为了重新获得爱，可能会采取两种策略：

一种是压抑自己的恐惧，不接纳自己的感受，尽量表现出妈妈希望的样子。他可能会说："妈妈，我是男子汉，我不怕。"这样，妈妈的焦虑就被治好了。一旦孩子回避自己的体验和感受，踏向塑造理想小孩的道路就开启了。

另一种表现是夸大自己的恐惧。孩子的心理过程可能是这样的：我很害怕，但妈妈觉得不应该，她不会保护我的，我觉得处境很危险，需要努力让妈妈看到我是真的很怕；当我需要保护时，我不确定妈妈是否会保护我，我需要试探后才能安心。所以，孩子可能会哭喊，并表现出更加害怕的样子："我怕，我怕，我就是怕，妈妈！"

父母在与孩子进行亲子沟通时，最好能够把所学的知识和既定的标准全部忘掉，只看到眼前真实的孩子。这样，就会轻松许多，也更容易接纳孩子的情绪。但要注意，接纳情绪不等于纵容和娇惯孩子的行为。在接纳情绪的基础上，父母仍然需要自信地进行管教，以纠正孩子的不良行为。

## 02 接纳是对孩子最有效的管教

前些天，和几位好友聊天。一位妈妈感慨地说："现在教养孩子越来越不自信了，管得太严怕伤害孩子，管得不严又怕变成溺爱。面对不断成长变化的孩子，做父母的究竟怎么做才好呢？"

如何自信地管教孩子，成为很多父母的困惑。要做到自信地管教孩子，父母需要建立权威。但这种权威不是建立在控制和等级制度的基础上，而是建立在接纳和理解孩子的基础上，这是父母应该履行的管教义务。

接纳和理解孩子，绝不意味着不讲规则，对孩子无所限制。溺爱不是真爱，溺爱是一种懒惰的养育行为。对于3岁以上的孩子，父母需要让他们逐渐理解并学会遵守相应的规则。好的规则其实可以给孩子带来自由，因为当孩子不知道行为的边界在哪里时，首先要做的不是自由地行动，而是去试探行为的边界。因此，父母在面对孩子的一些无理行为或者危险行为时，都需要更加自信、有效地履行管教责任。

### 为何父母管教孩子时常常感到纠结

如果排除社会和家庭因素，仅考虑父母自身的阻碍，父母管教时纠结的原因通常有以下两点：

一是父母自己在成长过程中受到过一些创伤，所以在面对孩子时容易出现过度补偿的心理。父母在缺少内在觉察的情况下，容易在某些方面过度溺爱孩子。如果父母自己儿时被管教过严，当自己有了孩子时，潜意识中就可能把孩子当成幼年的自己来养育，表现为见不得孩子有负面情绪，容纳不了孩子的受挫体验等。

二是父母学习了过多的育儿知识或所谓的育儿“标准动作”，在管教时总担心会对孩子造成心理伤害，最终导致发出的行为指令让孩子无法信服，达不到管教的效果。比如，父母通过学习了解到对孩子某些行为的处理方法，然而，如果只是照本宣科，就可能在管教孩子时连自己都不太相信这种方法行得通，孩子一定能够觉察出父母的纠结和犹豫，从而导致管教失效或起反作用。

## 孩子需要父母明确的、前后一致的管教

一日饭间，想起自己近日来与儿子之间限制与反限制的较量，我忍不住好奇地问：“儿子，你愿意换个妈妈吗？”儿子看着我不解地说：“我不要换妈妈，我觉得有你这样的妈妈就足够了，我只要你这样的妈妈。”

儿子的话让我有些感动，我继续问：“要不你先听听妈妈怎么说，想一想再做决定怎么样？”儿子点点头，饶有兴趣地听我说。我说：“如果你有一个这样的妈妈：你想看奥特曼时就看，想看一夜也可以；你想吃冰激凌，妈妈会给你买好多，让你随便吃。你觉得这样的妈妈怎么样？”

儿子听我说完，回答道：“不要，我不要这样的妈妈。”我问：“这样的妈妈不好吗？”儿子认真地说：“如果我一直看动画片，我的眼睛会受到伤害，我实际上也是想睡觉的；如果我一直吃冰激凌，把肚子吃坏了，我会生病难受的。”

可见，孩子并不需要一个无限制满足自己的父母，适当限制也是爱，这种爱孩子是能够理解的。

## 父母的管教行为缺少理解与接纳

来看一个生活中常见的亲子沟通情境。

孩子：妈妈，我就要看动画片。（一集一集不停地看）

妈妈：不能再看了，再看会伤害你的眼睛。

孩子：我就要看。我要用炮弹把你炸飞了！（四五岁的孩子体验到语言的力量，会用最有杀伤力的语言来表达自己的愤怒）

相信许多父母都经历过此种情境。针对这种情境，父母通常会有以下几种应对方法：

一是忍受不了孩子的哭闹，最终投降，让孩子继续看下去。结果孩子在今后会继续使用这个方法，父母常常感到焦虑和无计可施。

二是选择坚持，不过是一种对立的坚持：“不行就是不行，你就是哭一天我也不让你看。”这种父母通常会担忧，我现在能管得了他，等他再大些，我还能管得住吗?

三是跟孩子讲道理，但所讲的道理通常远离孩子的生活经验，或者夸大看电视造成的恐怖后果，通过让孩子恐惧而达成目的。

四是父母在发出指令前就担心孩子不会停止看电视，对自己有效管教孩子缺乏自信，因此在语言和行为上常常会隐秘、不自觉地流露出讨好孩子的信息。

……

以上方法有一个共同点，即孩子此时想继续看电视的情绪和感受没有被接纳，父母只看到了孩子的行为，却没有看到行为背后的原因。此时的亲子关系不是建立在相互信任基础上的，管教效果自然会比较差。

## 探索孩子行为背后的原因

如果父母能够先分析孩子行为背后的原因，再去纠正孩子的行为，不一定马上有效，但至少不会让孩子产生太大的对立情绪，而且会让父母在实施管教的过程中更有信心。

上述例子中，面对此时的行为，父母可以试试以下做法。

第一步：接纳孩子的情绪和感受。

“宝贝，你现在特别想看这部有趣的动画片，是吗？”（这跟成人追连续剧的感受是一样的，此处使用了同理心）孩子通常会点头。“妈妈看到好看的电视节目也一样想继续看，你的心情妈妈懂。”“妈妈不让你继续看，你会很生气，是吗？”（说出孩子内心的感受，并且表示自己能够理解）孩子通常都会表示同意。

第二步：坚持自己的意见，因为信任的关系可以承载坚决。

信任关系下的坚持是温柔的坚持，这与著名的自体心理学派科胡特的名句“不含敌意的坚决，不带诱惑的深情”道理相同。

接下来，你可以说：“但是我希望你有一双明亮的眼睛。你的眼睛还正在发育，如果电视看得太久，你的眼睛就容易受到伤害，美丽的世界就看不清了。”此处可以结合孩子的理想——比如他想当黑猫警长或想成为孙悟空等——联系起来，告诉孩子，如果好好保护眼睛，就更可能当黑猫警长或练出火眼金睛等。把不让孩子继续看电视这件事跟孩子的理想结合起来，孩子的痛苦就变得有意义了，当痛苦有意义时，就变得可以忍受了。

如果孩子还继续哭，请允许他哭，你可以跟孩子说：“如果哭能让你感觉舒服一些，你可以哭一会儿。”但语气一定是理解和接纳，而不是放弃和冷漠的。

## 自信管教的关键在于父母内心平和

首先，接纳孩子的情绪一定要建立在准确理解孩子的基础上。如果不能理解孩子，可以问孩子感觉怎么样。如果孩子表达不出来，大人可以尝试模仿孩子的动作和语言，帮助自己去准确理解孩子的感受。有的父母会把自己的感受当成孩子的感受，误导孩子去体验更多的负面情绪，这样的做法是不可取的。

其次，温柔对待孩子的前提，是父母的内在状态是和谐的。如果父母的内心很愤怒、焦虑，只是说一些看似有理的话，并没有真正接纳孩子的情绪，就不会有效果。父母可以试着先把孩子抱在腿上，或坐在孩子身边，然后再坚持自己的意见。但要注意，父母坚持的内容一定是自己坚信的，如果连自己都不坚信，就很难见到管教的成效。

当然，面对这种情境，父母想要做到内心平和并不容易，尤其是忙碌的职场妈妈，她们通常在面对孩子时更容易被磨掉耐心。但如果父母能够真正地理解孩子，能够“看到”孩子内心的情绪和感受，就更容易进行有效的亲子互动。

每个亲子互动的行为背后，都有父母自己的一套或清晰或模糊的理念。对于父母而言，好的育儿理念是，你能够理解它并将其纳入你的理念之中。否则，在亲子互动的过程中，就可能出现分裂和纠结的感受，很容易摧毁父母的信心。

## 03 尊重和接纳孩子，才能真正与孩子做朋友

“4 岁孩子出门游玩，见到什么要什么，公园里的游乐设施要玩个遍，即使钱不够也不行，怎么办呢？”无奈的妈妈不知该如何面对这种情况。

“现在要和四五岁的孩子斗智斗勇，有时孩子竟说得我无言以对，我都不知道该怎么养育孩子了。”妈妈带着无奈和些许的自豪说。

“我想信奉爱与自由的教育方式，遇事都与孩子商量，如果他不同意就只能连哄带骗，结果他知道真相后就大哭大闹；直接拒绝的话，又怕伤害孩子。唉，好累呀，养孩子真不容易。”妈妈纠结地说。

“都说养孩子要顺其自然，要与孩子做朋友，但我有时实在忍不住想发火，后来再遇到问题我就直接把自己关在屋子里，眼不见心不烦。”妈妈对自己有些不满意地说。

……

妈妈们遇到的类似问题还有很多，但总结起来有一个相同之处，即父母不敢管教孩子，对孩子进行管教时表现得过分纠结，担心会

对孩子造成伤害，结果容易导致孩子任性、目中无人，接受不了任何批评和提醒。

很多父母因为信奉“爱和自由”、顺其自然的教育理念，想和孩子做朋友，满脑子是美好的理念和方法。事实上，方法是好方法，理念也是好理念，但为什么用起来就会出问题呢？因为对于同一种理念，每个人在理解和实践时的差别大得简直让人震惊。一个从小被父母管教过严的人，自己做父母后所实践的爱与自由可能表现为对孩子特别宽松和放任，甚至使孩子感受不到行为的边界在哪里；而一个从小很自立，甚至被放养长大的人，在为人父母后，可能因为自己较少感受到父母的爱，他所实践的爱与自由表现为对孩子的呵护和亲密的爱。

尤其是对于幼年的孩子，父母除了要了解他们的心理，还要成为能够让孩子依靠和信赖的守护者。父母教养孩子的信心，往往会对孩子产生更深刻的影响。

很多父母都期望和孩子做朋友，而事实上，父母要真正跟孩子做朋友却并非易事。

## 在现实层面，父母无法满足和孩子做朋友的条件

朋友之间最关键的是相互独立，没有依附关系。而孩子与父母是不独立的，孩子完全依附父母而生活，孩子的需要能否得到满足，基本上取决于父母的意愿。如果父母在现实层面和孩子做朋友，就要用朋友之间的原则进行交往，比如，凡事都要跟孩子进行协商，双方在相互尊重的前提下做出负责任的决定。然而，由于父母是孩子的监护人，孩子的行为后果需要父母来买单和负责。这就是说，一方面，你

跟孩子是朋友，你们之间需要相互独立；另一方面，你又要为这个朋友所有的行为后果负责。自然地，在面对是否应该满足孩子的无理需求时，你会纠结：无条件地满足孩子，是对孩子的成长不负责任；不满足孩子时，又怕伤害孩子的心。以至于父母变得无所适从。

## 在民族文化上，父母和孩子做朋友有些适应不良

按照中国集体文化的深层心理，一方面，“身体发肤受之父母”，孩子的一切都是父母给的，父母可以拿去。当然，父母也要为自己创造的这个生命负责到底。另一方面，孩子要报答父母给予自己生命以及养育自己的恩情，有责任让父母在晚年过上舒适的生活。我们的文化特点是相互负责、人与人之间边界不清晰。虽然与古代相比，现代家庭的结构发生了很大变化，但家族信仰仍然是我们民族深层的心理，集体心理的变化是非常缓慢的。

如此一来，我们民族心理中的亲子关系怎么可能是朋友关系呢？从西方拿来的“父母与孩子做朋友”的教育理念，与我们的深层心理是不相容的。所以，我们将这个理念“拿来”使用时，自然会出现“水土不服”的现象。

## 尊重孩子的生命体验和发展规律，父母才可能和孩子做心灵上的朋友

一方面，父母常常在明处或在现实层面和孩子做朋友，看起来很开明、很民主，事事和孩子协商，处处征求孩子的意见，尽其所能地

满足孩子的各种物质需要；另一方面，父母仍然受民族深层心理的影响，在暗处奉行着另一套：孩子有了不同的生命体验，父母急于去纠正；孩子一伤心生气，父母立刻否定孩子的情绪，急于让孩子脱离负面体验；孩子说长大后要做建筑工人，父母立刻进行游说和引导，直到孩子说自己的理想是建筑设计师为止；父母自己不爱与人交往，但当孩子不跟人打招呼时，父母就责备孩子不礼貌……

孩子的情绪和感受较少被看到、被接纳、被允许，其自然的心理成长和发展需求又可能因为父母的无意识而被阻断，纵使他们被金银包裹，物质需求得到极大的满足，精神上的痛苦又如何能解决呢？

父母要和孩子做朋友，不是要改变自己的角色位置，而是要学习做孩子心灵上的朋友。父母确实需要和孩子做朋友，但不是在现实层面做朋友，而是在人的生命体验层面上，顺应孩子的天性，尊重孩子的生命体验，允许孩子有自己的感受，并且不因为他有不同的生命体验而拒绝或厌弃他。

## 04 让孩子及时释放恐惧情绪

心理治疗本体感觉理论的创立者彼得·莱文（Peter Levine）博士曾经说过：“伤痛和恐惧是一对孪生姐妹，是人生命中两个主要的杀手。”诚然，它们互相影响、互相滋长，夺去我们生活的许多乐趣。

当我们经历过一次威胁事件后，习得了恐惧，下次遇见类似的情境，常常会自动选择回避。然而，越是回避，越容易强化威胁情境，越增强了对情境的恐惧。

当成人看到孩子对某些情境表现出害怕的情绪时，通常会有两种反应：一种是回避引起孩子恐惧的情境，避免孩子继续体验这种感受，显然这样会强化孩子的恐惧情绪；另一种是催促或推着孩子去体验情境，孩子感觉被逼迫，通常会拒绝，从而引起父母和孩子之间的对抗和冲突，导致孩子更加抗拒威胁情境。

另外，还有第三种情况，即孩子在被逼无奈、必须面对的过程中获得了积极体验，反倒不再恐惧了。但这种情况通常较少出现。

孩子没有得到释放的恐惧，会成为一种巨大的情绪能量，会对其行为产生深远的影响。如果父母能够帮助孩子释放某些情境下积累的恐惧能量，通常可以减少或有效缓解孩子的恐惧。

## 及时释放恐惧能量，是动物面对威胁时的本能反应

动物面对突如其来的威胁时，通常会根据实际情形进行应对。如果自己与对方实力相当，就选择搏斗（Fight）；如果自己跟对方的实力相差太大，则选择逃跑（Flight）；还有一种情形，就是冻结（Frozen），比如有的动物会做出类似装死的表现。这被称为动物的“3F”模式。

如果你留意观察会发现，两条狗打完架后会抖动或摆动身体，其目的正是要把紧张状态下积累的能量抖掉，给这件事情画个句号；装死的动物发现自己安全后，站起来时也必然会抖动身子，这也是要把恐惧的能量抖掉，以此来处理恐惧。

人类面对威胁情境时，也会有类似的反应。但相对动物而言，人类从威胁情境逃离后，更容易产生心理创伤或应激障碍。重要的原因之一是，动物常常依赖本能的力量，通过一系列步骤来处理恐惧，而拥有高度发达大脑的人类，却更容易忽略身体的自我疗愈过程。

在这一点上，我们应该向动物学习，让孩子在经历威胁性情境后，释放掉在这种情境下快速积累的恐惧能量。

## 通过有趣、夸张的方式体验曾经的恐惧，以此疏解恐惧

孩子最初对某种情境的恐惧，通常会快速地积累成大量的恐惧能量。如果在当时没有得到表达和疏解，这些能量就会留在体内，时间久了，头脑可能会忘掉它，但身体会一直记着，并在潜意识层面影响

着孩子的行为。直到有个空间能够安全地体验和表达这些恐惧，恐惧的能量才得以释放，身体的记忆才被改写。

一年夏天的一个晚上，我和先生带着孩子在外边玩。忽然，狂风大作，几秒钟后，夹杂着土腥味的豆大的雨点密集地从空中落下，地上偶尔有被风卷起的垃圾带着“哐当”声撞到路边的障碍物上。我们没有带雨具，赶紧拉着孩子的手往家跑。虽然距离并不远，但在跑回去的过程中，我们不由自主地带着紧张的情绪。气喘吁吁地跑回家时，衣服也淋湿了。

后来，我们都忘了这件事。但儿子是第一次经历这种阵势，他可能很恐惧，因为当时的情境对他来说简直像世界末日一样。

后来有一个晚上，我带着儿子下楼散步。我看着天空，自言自语地说：“看来要下雨了，我们又没带伞。”儿子忽然停下来说：“我要回家，我要回家。”我说：“我们刚下楼，玩一会儿再回去吧。”儿子很恐惧地看着天空说：“要下雨了，我就要回家。”事实上确实有些风，天空有些阴霾，但看起来短时间内不像下雨的样子。

显然，“晚饭后”“刮风”“下雨”这些元素放到一起，唤起了儿子此前经历暴雨的体验。后来，我向他保证：“没关系，有妈妈在，不用担心。再说，如果下雨，就趁机让小雨姐姐给我们洗个澡，那多好玩呀。”经过我的劝说，儿子才勉强同意玩一会儿再回家。

在往家走的路上，我想到了儿子对晚间暴风雨恐惧的原因，就对儿子说：“我们现在假装下大雨了，好不好？”说完，我很夸张地表现出紧张的样子，一边跑一边说："我好怕呀，下大雨了，要洗雨水澡啦！"儿子看着我的样子大笑起来，然后也加入进来，笑着喊道："我也好害怕呀！"我们俩跑着、哆嗦着身体，夸张地表现出恐惧的样子。我相信伴随着咯咯的笑声，孩子一定释放出了之前的紧张和恐惧感。

## 允许孩子自然地释放压力

相对于其他动物而言，人类的童年最漫长，儿童的身体力量又最弱小。因此，儿童很容易遭受威胁性情境，在这些情境中产生的大量情绪很多时候会被大脑忘掉，但身体却能准确地记忆下来，引导他们做出一些看似无法理解的反应。

事实上，因为婴幼儿比成人更接近自然，所以他们有许多自然反应，但可能被成人的各种评价和焦虑阻断了。因此，人类在面临威胁情境后，通常容易压抑感受、回避体验，使得这件事情没有完结，从而形成恐惧性情境。

有的孩子初上幼儿园时，回到家容易变得非常脆弱，常常会毫无来由地大哭一场，这时的哭可能是他释放在幼儿园积累的焦虑能量的方式。有时幼儿离开母亲一段时间，再见到母亲后很容易哭，这也是在缓解离开母亲时的压力和焦虑能量。正如我家乡的一句俗语"小孩见到娘，有事没事哭一场"，意思就是说，小孩子见了娘，没事找事也要哭一场。因为母亲是安全的港湾，孩子感觉安全后，才有力量去处理和释放积压的负面能量。如果成人内心不允许、不接纳孩子的哭，就可能会用各种方式加以阻止。

当我们的内心被大量的负面情绪占据时，理智通常是无法正常工作的，只有情绪平缓下来，理智才会发挥作用。这是因为主管认知的前额叶在进化时间上是后于主管情绪的杏仁核的，这也是父母带着负面情绪管教孩子时很难奏效的重要原因。

神经心理学的研究发现，根据所看见的物体是猎物、是敌、是友，还是无关紧要的东西，杏仁核的反应是不一样的。如果杏仁核变得很兴奋，说明眼前的东西很重要，神经系统就会将这个信号发送到我们的自主神经系统，这时心跳开始加速，手掌开始出汗，肌肉开始收缩，准备接近、逃跑或战斗。如果杏仁核判断看到的是无关紧要的东西，身体就没有上述反应。这些短时间积累的用于战斗或逃跑的能量，如果冻结在身体里长期得不到疏解，就可能会形成创伤。

因此，在孩子觉得安全并获得情感支持时，父母应该允许孩子去体验并释放恐惧情绪，在释放能量的过程中，就可能改写身体的记忆，使得今后再遇到类似的情境不再恐惧。

# 05 如何听，孩子才能对你说心里话

近些年，时常有幼儿园老师虐待、体罚孩子的相关报道，其手段和花样简直让人难以置信，更让人难以将这些老师跟可爱的幼儿园老师形象联系起来。令家长们困惑的是，为什么很多孩子在被老师伤害后没有告诉家长，而是选择了沉默呢？

## 对孩子而言，沉默可能是最聪明的应对方法

记得一条新闻中提到，记者问孩子为什么不把老师打自己的事告诉家长时，孩子说："我怕妈妈担心。"在孩子看来，相对于自己所受的伤害而言，不让妈妈担心更重要。这听起来让人感觉孩子很懂事，让人有些心酸、心疼。然而，更深层的原因可能并非如此。妈妈担心通常是因为事情不像自己期待的那样发展，从而会有焦虑的表现。在焦虑情绪的驱使下，父母往往急于纠正孩子的想法或行为，孩子就会感到自己被否定，不能被理解和被接纳。慢慢地，孩子会留下一种印象，即父母不理解我、不懂我，我如果跟他们说一些不好的事情，他们会不喜欢、会担心，这样我会觉得自己不再是好孩子，父母就不爱我了。所以，不好的事情还是不要告诉父母了。

因此，在遇到不好的事情时，为了少受批评和继续获得父母的爱，孩子最聪明的选择自然是不跟家长说，这样就切断了与家长的心灵交流，导致孩子与家长的互动常常流于表面和浅层。

一些大学生出现非常严重的心理障碍后，许多父母的反应通常是感到难以置信。其实，有的大学生遭受心理困扰已经好多年了，但父母往往并不知晓，因为这些孩子很少跟父母进行心灵上的沟通。

## 父母活在理想标准里，拒绝接受真实的孩子

下面这个日常生活中的片段，你是否觉得很熟悉？

童童：我喜欢小小家的房子，她家的房子更大、更漂亮。

妈妈：童童，你怎么能够这样想呢？我们家的房子虽然没有那么大，但也很好呀！（妈妈理想中的孩子是安贫乐道，不贪图享受）

童童：妈妈，我不喜欢吃红枣。

妈妈：为什么呀，你不是前几天还说喜欢吃吗？（妈妈理想中的孩子是喜欢吃健康食品）

类似的亲子对话片段在生活中很常见，我们通常也不觉得这有什么不妥。然而你仔细品味一下就会发现，每一次这样的对话都是在告诉孩子：你不应该有这些想法，如果你像妈妈心目中期待的那个样子就是好的；你不是个好孩子，妈妈不喜欢你的这些想法。妈妈之所以这样回应，是因为她根本没有看到眼前的孩子，没有关注孩子的内心

感受、情绪状态以及孩子对事情的真实想法，只是急于按照自己头脑中理想小孩的标准去评价和纠正孩子。

要知道，成人拒绝了解孩子内心真实的感受，就是拒绝真实的孩子。

## 带着好奇走进孩子的内心

一次，儿子和几个小朋友一起玩。小朋友们在一起玩得非常开心，大人在旁边愉快地聊着天。忽然，一个小朋友很郁闷地走到他妈妈身边说：“妈妈，我不想在这儿玩了，我要回家。”妈妈很困惑地问孩子：“为什么不想玩了？你们是好朋友啊，在一起不是玩得很好吗？”孩子说不出原因，只是嘟囔着：“我要回家，我再也不想和他们做好朋友，不想和他们玩了。”妈妈不知道原因，试着安慰孩子，但并没有效果。

我对孩子妈妈示意了一下，走到孩子身边，拉着孩子的手问：“我看到你走过来时好像很不高兴，你是不是生气了？”孩子点点头。我问：“能不能跟我说说刚才发生了什么事？”孩子说：“因为他们不让我玩那个小汽车，我再也不和他们一起玩了。”我说：“哦，你觉得他们不应该这样做，所以很生气，是吧？”孩子又用力地点了点头。此时，我能感觉到孩子因为内心的情绪被“看到”，已经不再是气鼓鼓的了。

接下来，我针对事情本身跟孩子进行了交流。后来，孩子的情绪虽然仍然有些郁闷——那是情绪恢复的自然过程，但他不再提回家的事情，而是投入到别的游戏中玩了起来。

可见，只有孩子的情绪被“看到”，他才可能听得进你说的话。

孩子的行为和语言不代表他的全部，他有着更丰富的内心世界，就像水面以下的冰山一样。如果父母把孩子的行为、语言或情绪看作孩子内心世界的一种信息，就更可能放下头脑中的诸多评判，带着更多的好奇走进孩子的内心世界，给孩子更多的心理支持。

只有孩子感受到他整个人被理解和接纳，而不只是表现好的时候才被理解和接纳，他才敢于在你面前自由地表达想法，展现他的痛苦和快乐，而不担心被否定和批评。也只有这样，你才有机会在他需要的时候提供可能的支持和帮助。

要记住，真实和真诚是建立亲密关系的基础。没有建立在真实和真诚基础上的关系，不管是亲子关系还是夫妻关系，即使彼此之间有很多的爱和照顾，这种关系也是一种消耗，而不是滋养。

一旦妈妈能够接纳真实的自己，自然就能够欣赏并接纳孩子的生命本身，能够为孩子创造一个大胆展示自我、发展自我的成长环境。

CHAPTER 4

# 别让你的完美主义害了孩子

# 01 “完美妈妈”将导致孩子的残缺

妈妈需要美美的，但千万不要追求完美。

从天然的母性来说，每位妈妈内心都有做“完美妈妈”的理想。也许从知道自己怀孕的那刻起，妈妈的脑海里就为自己设定了一个“完美妈妈”的目标，并想象、规划孩子的各种未来。于是，准妈妈开始严格控制自己的饮食、作息，开始学习各种孕育知识，对每次孕检格外关注，为宝宝的诞生准备各种用品……在孩子出生后，追求做“完美妈妈”的动力不但不减，反而与日俱增。

然而，从心灵成长的角度来说，过分追求完美的妈妈，对孩子和自己都不是一件幸福的事。

## “完美妈妈”很难享受育儿的快乐

对于“完美妈妈”而言，生活要么是赛场、要么是考场，由于对失败充满恐惧，所以她们无法轻松享受生活本身。“完美妈妈”在生活中主要有以下表现。

第一，头脑中充满各种标准，做事缺少灵活性。“完美妈妈”头脑中充斥着各种条条框框，事无巨细都有标准。比如，一个人如果不完美，就不能赢得别人的喜爱；我的家一定要井井有条；我不能在他人面前暴露自己的弱点；我不能被比下去；一切必须在我的控制之中；等等。这些僵化的条条框框就像绳索一样束缚着她的手脚和心灵，让她无法享受生活的快乐，也无法享受育儿的快乐。

第二，言语中经常出现“必须”“应该”或“不”等字眼。“完美妈妈”的语言里，往往有太多的“必须”“应该”等绝对要求。然而，每一个孩子的生命都是独特的，成长过程中有多种可能性，他不可能完全按照妈妈的标准去成长。此外，“完美妈妈”经常会说一些禁止性的语言，这样会对孩子造成过多的禁锢，会限制孩子的自由发展和探索。

第三，经常处于焦虑的状态。“完美妈妈”由于经常处于过分焦虑的状态，往往需要通过控制外在世界的秩序来获得暂时的心理安全感。焦虑是一个非常耗能的过程，因此“完美妈妈”经常感到很疲惫，有时还容易出现抑郁情绪。

## “完美妈妈”很难养出自信的孩子

妈妈在追求完美的过程中，直接影响了另一个生命——孩子。这种影响往往是持续而稳定的，超越了世界上任何人际关系对孩子的影响。

由于“完美妈妈”非常关注和在意孩子，所以不管是在学习还是生活上，都对孩子关心得无微不至；对孩子身上的缺点、毛病和不足非常敏感；如果孩子表现得好，就希望孩子“好上加好”。久而久之，这类妈妈的孩子就会变得失去自信，陷入自卑的旋涡。

## “完美妈妈”让孩子无法自由成长

“完美妈妈”受内心不安全感的驱使，想通过控制外在来寻求安全感。当孩子没有达到自己的预期时，妈妈就会产生焦虑和恐惧情绪，这又促使她进一步通过控制孩子的心理、情绪和行为表现，来重新实现内心的控制感。由于处处受到妈妈的控制，孩子没有机会自由探索和发展，他的天性和活力会在妈妈的高标准要求下一点点地丧失。

## “完美妈妈”让孩子无法信赖妈妈

“完美妈妈”往往极度不自信，无法接纳自己本来的样子，她们的自信建立在必须样样都好的基础之上。这种对尽善尽美的追求，使妈妈常常纠结自己做得对不对。因此，在亲子互动中，这类妈妈对孩子发出的信息常常不确定，导致孩子对妈妈的话不以为然，自然不会全心投入到活动中去发展自己。

连妈妈自己都不确定的东西，凭什么让孩子去相信并执行呢？比如，常有妈妈会因受挫而困惑：“我跟孩子该说的都说了，但是没用，他依然这样。”事实上，妈妈说话时的内心状态才是决定管教效果的关键。试想一下，如果领导给你布置工作时，他自己都不确定这件事是否值得做，你在执行任务时肯定会感到不确定、纠结、缺少方向感，自然不会全身心投入去做。而一名自信的领导，更能让你感觉到做这件事情是有价值的，所以你会非常信赖他，进而会自信地投入工作。

## “完美妈妈”让孩子行为保守、害怕尝试

“完美妈妈”特别害怕被否定，对他人的评价极度敏感，容易指责孩子、推卸责任，使得孩子害怕出错，不能自由表达自己，行为上不敢尝试。

在与孩子的互动中，一旦孩子出现不符合自己标准的行为时，“完美妈妈”就会指责或纠正孩子。这种指责有时是主动、直接的；有时是被动的，即通过生气、生病等，被动地表达对孩子的不满、失望和愤怒，从而迫使孩子听从自己的安排。而经常受到指责的孩子，会觉得自己是不好的、无价值的，变得不敢表达自己，行为上保守、害怕尝试，从而失去很多自由发展的机会。

## “完美妈妈”养育孩子的两种极端结果：趋同或背离

如果“完美妈妈”一如既往地保持自己追求完美的养育方式，孩子容易形成相反的两种类型：

一种类型是认同妈妈。变得像妈妈一样喜欢控制、焦虑、追求完美，不允许自己犯错，对人对己都很苛刻，无法享受生活，难以体验到生活的快乐。

另一种类型是变成与妈妈完全相反的人。由于妈妈常常指责自己有这样那样的问题和毛病，孩子慢慢意识到，妈妈真是太完美、太对了。为了让妈妈更完美，我只有保持浑身毛病，才能让妈妈一直数落我，从而来衬托妈妈绝对的完美。用自己的失败来成就妈妈的完美，这是一件多么悲壮的事啊！

## 孩子需要自信、稳定的妈妈

妈妈怎样对待孩子，孩子将来就怎样对待自己。在现实生活中，妈妈需要帮助年幼的孩子管理生活。随着年龄的增长，妈妈逐渐被孩子内化成自己的一部分，以帮助其行使管理自我的功能。这也是孩子幼年时妈妈对个体发展如此重要的原因之一。即使后来现实中的妈妈发生了变化，但在孩子的内心深处，行使管理功能的那一部分仍有可能保持孩子幼年时妈妈的特征。

其实，幼儿不需要“完美妈妈”，而需要一个不完美但内心自信、稳定的妈妈。自信、稳定的妈妈能够接受生活本身以及自己的不完美，一旦妈妈能够接纳真实的自己，自然就能够欣赏并接纳孩子的生命本身，能够为孩子创造一个大胆展示自我、发展自我的成长环境。

作为妈妈，如果你真的能够接纳和爱孩子生命本来的样子，就可以对他鲁莽些。

## 02 做不焦虑的妈妈

前面提到过，相对于父亲而言，母亲在生物学意义上需要对幼儿进行24小时、全覆盖、无缝隙的对接和防护，以确保幼儿生存下来。因此，母亲的焦虑本身是善意的，可以提醒母亲有危险，从而使母亲调动资源进入保护幼儿的模式。然而，对于人类漫长的婴儿期而言，母亲的焦虑已不再满足于对幼儿身体的保护，还会转战到对幼儿心灵的防护战线上。这时，母亲过度的焦虑多是因为找不到自己的心灵之家，所以会不自主地想借助最亲近的孩子来实现自己内在的安全感。

### 为什么不让孩子做的事，孩子偏偏喜欢做

生活中不乏这样的例子，当孩子拿起一个东西，他本来只想拿着，并没想到下一步要做什么。这时，如果你很担心他扔掉，就会自动地反应："宝宝，不要扔啊。"紧接着，"啪"的一声，孩子手里的东西应声而落。然后，你开始数落他："都说了不让扔你还扔，这熊孩子，怎么老是和我对着干？"

接下来，我们做个小游戏，请你告诉自己："不要想老虎，不要想黄颜色的老虎，不要想额头上写着'王'字的黄色的老虎。"然后

闭上眼睛，重复一下这条指令。睁开眼睛，问问自己：现在头脑里在想什么？我猜答案大部分是“额头上写着‘王’字的黄色老虎”。为什么大脑不听指令呢？“明明说过不让想，为什么还要想呢？”“明明提醒你不要这样，为什么改不了呢？”这些话听起来是不是很熟悉？我们小时候是不是被这样批评过，做了父母后是否也常对孩子说这些话？结果嘴皮子都磨破了，孩子不但没有改进，问题反倒更严重了。

从表面上看，我们上面说的这些话是在与意识对话，事实上，我们说的每一句话同时也是在与潜意识对话，这一点我们通常难以觉察。潜意识与意识不同，潜意识的特点之一就是没有逻辑。在上面的小游戏中，由于潜意识不断接收到“老虎，黄颜色的老虎”等被禁止的信息，每一次禁止就等于对潜意识进行了一次强化。而意识则接收到了否定的逻辑，试图压制潜意识，此时二者就会形成一股对抗的力量。但由于在对抗时会消耗大量的意志力，意志力逐渐松懈下来之后，潜意识占了上风。这就是在发出禁止的指令时头脑中却偏偏出现禁止内容的原因。

从这个意义上来讲，成人的眼睛和注意力就像一个探照灯，照到儿童的哪个部分，儿童的哪个部分就会亮起来。

## 说出你想让孩子做的，而不是不想让孩子做的

在焦虑情绪的驱使下，妈妈激起的幻想通常是害怕发生的那些事情。在对自己的焦虑保持觉察的情况下，妈妈可以问问自己：除了不想让孩子做什么之外，我更想让孩子做什么？比如，看到孩子一个人

走到马路边，跟在身后的你如果着急地喊一声“不要跑”，可能会让孩子跑得更快。其实你想让孩子做的是停下来，或者慢一点。此时如果你喊一声“停下来”或者“慢一点”，则更可能让孩子听到这个指令条件反射式地停下或放慢速度。因此，用“耐心一点”代替“不要急躁”，用“平静一下”代替“不要紧张”，用“把手拿开”代替“不要碰”等，会让孩子更愿意听你的。

## 妈妈的焦虑，在隐秘地塑造着孩子的情绪和想法

在亲子关系中，妈妈害怕某件事情发生时，就会对孩子发出禁止的指令。表面上是禁止，实际传递的潜台词却是“此时你就需要这样”，这时的妈妈也在帮助孩子塑造着情绪，塑造着孩子的内心世界。因为妈妈所说的“不要……”，是在表达着妈妈眼中的世界，孩子透过妈妈看到了与妈妈的期待一样的世界。

比如，在送孩子上幼儿园的路上，妈妈因为害怕孩子哭而感到焦虑，在焦虑的驱使下，妈妈通过对孩子说些什么来缓解焦虑：“宝贝，在幼儿园里不要哭啊，幼儿园里多好玩呀！”孩子可能本来没打算哭，但是妈妈的话让孩子感受到她内心深层的想法，他会觉得：“妈妈害怕我哭，说明这个环境就是要哭的。而且她还说幼儿园好玩，如果好玩，干吗还怕我哭呢？骗谁呢？”孩子的想法不无道理，在吃饭和玩耍的时候，妈妈为什么不说“不要哭”呢？因为妈妈觉得吃饭和玩耍的情境是愉快的。

再比如，孩子想和别的小朋友玩，但被拒绝了，妈妈自己觉得无法接受被拒绝，所以很担心孩子的心灵受伤，她希望孩子不在乎。她

的焦虑让她必须做点什么，所以她可能会对孩子说："宝贝，别难过啊，妈妈抱抱，他不喜欢你，妈妈喜欢你。"这个被拒绝的情境的确会让人不舒服，不过仍然可以有很多种解释，此处妈妈的反应传递着自己的解释："被人拒绝是无法接受的，是可怜的，是应该难过的。"在这个过程中，孩子的情绪和想法被塑造起来，孩子会感觉很委屈、很受伤，他觉得自己不可爱、不被同伴喜欢。经过多次类似的强化以后，孩子因为担心再次被拒绝而变得不再主动，也觉得自己不可爱，从而跟同伴越来越疏远。于是，妈妈害怕的事情最终应验了。

## 妈妈要学会觉察自己的焦虑，尝试观照自己

如果妈妈过度焦虑，通常会自动化地做出禁止的反应。因此，妈妈如果多观照自己的内心，保持对自己情绪的觉察，就更可能摆脱自动化的反应，而对孩子使用更有效的管教方法。

妈妈要做的，是减少向外寻求安全感和控制感的行为，因为那只是一种幻想，并不能让你真正获得安全感和控制感。当我们觉察到焦虑时，不妨尝试着去分析一下，看它是来源于现实（比如，孩子已经或者可能受到伤害），还是我们自身（比如，看到孩子身上有很小的一些问题，却把它无限扩大化）。如果是后者，我们应该感谢来自内在心灵的信使——焦虑，它提醒我们要更多地观照自己、爱自己、接纳自己本身的价值。当我们真正接纳了自己，允许自我点亮，自然就会照亮孩子。

## 03 对孩子的禁止其实是一种引诱

随着孩子一天天长大，他们的自主意识与日俱增，会出现很多父母不希望看到或发生的行为。于是，一些禁止性的词，如“不许”“不要”“别”等，成为父母口中的高频词。而被禁止的孩子却很少能做到令行禁止，反倒偏偏会做出一些被父母禁止的行为。因此，父母的“不要”和孩子的“偏要”，就成为养育过程中最常见的亲子对抗情景。那么，父母所禁止的行为，孩子为什么偏喜欢做呢？

### 禁止会产生反作用力

前段时间，连着几个晚上儿子都踢被子，结果肚子着了凉，两三天后开始出现咳嗽等感冒症状。一天晚上，儿子已经乖乖地钻进自己的被窝，我担心他夜间再踢被子，想象着儿子感冒发热后难受的样子，我越来越焦虑，就对他说：“今天夜里千万不要再踢被子了，如果小肚子再着凉，咳嗽会变厉害，你会更难受的。”已经安静下来的儿子，忽然像被按下了开关一样，精神为之一振，把两条腿从被窝里伸出来，还一边咯咯笑着，一边说："我就要踢，就要踢。"

看到他的反应，我意识到自己刚才说的话有问题——我说那些话本来是为了缓解自己的焦虑，却对儿子起了反作用。意识到这一点后，我没有被他的行为所干扰，而是像没听见他说的话一样，默默地把他的腿放进被窝，说："晚安，祝你做个好梦！"儿子也给我道了"晚安"，然后进入预备睡眠状态。

相信这样的情景对父母来说都不陌生。如果父母跟孩子执拗地对抗，执意进行权力的争夺，无异于自己挖坑往里跳。因为如果父母继续关注孩子的行为，多数情况下，孩子的行为都会被强化并且保留下来。那么，禁止孩子的做法既然如此无效，父母为什么还是很喜欢使用呢？

## 禁止是父母为了缓解自己的焦虑

可以觉察一下，当我们对孩子发出禁止指令的时候，我们内心的状态是怎样的？在生活中，我们很少有意识地去觉察自己的情绪，因为我们的内心会自动通过控制外在事物来缓解焦虑或恐惧，以为这样就可以重新获得控制感。

当父母被内心的焦虑驱使而发出禁止的指令时，通常对孩子是无效的，反倒促使事件朝着自己担心的方向发展。比如，一岁左右的孩子，抓到父亲新买的手机，先摸一摸，然后放到嘴里开始啃，他显然想通过嘴来认识一下这个父亲深爱的家伙。忽然，父亲看见了，急忙叫道“不许扔”，话音刚落，手机便落到了地上。父亲惊得张大了嘴巴，婴儿则特别有成就感。

当我们着急地发出禁令时，通常认为这样做是对的，是可以起作用的，即使一次次被证明无效，我们仍会质疑“这孩子是怎么回事”，而很少去寻找一种更有效的方法。

## 禁止创造了冲破限制的力量

表面上的禁止，其实是一种诱惑。

为了体验禁止创造的反作用力，我们来做一个小实验：你给自己的腿下达“禁止动”的命令，感受一下，你的腿是否有一种特别想动的冲动？看看你能坚持多长时间，其间有哪些感受。

人的每一个起心动念都会产生身心能量的起伏，亲子之间真正的影响往往也在这样一心一念的能量场里产生。禁止也一样，当禁令发出，立刻会打破个体内在的平衡状态，从而创造出一种可以冲破禁令的力量。这就像一个数轴，数字“0”是平衡状态，禁止在“0”的一端产生了多少能量，就会在“0”的另一端产生同样多的冲破禁令的能量。当看到冲破禁令的能量后，禁止往往会增加能量以再次限制，这反而又会创造出更多冲破禁令的能量。如此循环下去，往往会让孩子身上一个很小的问题，演变成难以解决的顽固的大问题。

父母想要真正禁止孩子的某些行为，通常有两种相互补充的方法：

一种是忽视孩子当前的行为，不做任何反应，以免对其进行强化。但“不做反应”不仅仅是指行为上不反应，在内心深处也要不动怒。否则，你内心压着火，孩子很容易就会窥探到你的内心，从而继续维持当前的行为。

另一种是忽视孩子当前行为的同时，关注你希望孩子发生的行为。这就如同打破黑暗的方法不是和黑暗对抗，而是增加光明，光明增加，黑暗自然就减少了。

## 禁止激发了孩子的好奇心

几年前，我听说有一套曾经是禁书的西方心理学图书发行了中文版，立刻产生了好奇心，有一种想一睹为快的强烈愿望。于是，我当天就急不可耐地下了单，既满足了好奇心，又创造了一种超越阅读普通书籍的心理价值。成人尚且如此，更何况是天生好奇的孩子呢？

人被禁止做某件事情时，往往传递了一种潜在信息，即人的本性是喜欢这件事情的，但是出于其他的考虑，要禁止它发生。我的一位朋友，为了让儿子观看儿童英语教育课程的视频，每天规定孩子不许超过设定的观看时间，孩子每天都想方设法得到这个福利，并乐此不疲地保持着兴趣。因为妈妈的禁止把孩子想做的事变成了福利，孩子在这件事中获得了较高的心理价值。看来，如果你想让孩子做什么，不妨先禁止他这么做，这对于一个好奇心强的孩子而言，可能不失为一种好方法。

## 禁止是表现偏轨行为的线索

成人对儿童发出的禁止信息，往往反映了成人期望达到的目标，如果儿童的目标与成人不一致，就会准备与成人对抗或者背道而驰，以实现自己的目标。那么，成人的这种禁止对儿童而言就是一个“极好”的线索，儿童利用它创造了一个相反的行为，以达成自己的愿望。

著名奥地利心理学家阿德勒在他的名作《儿童的人格教育》中提出，个体除了人格的统一性之外，人性的另一个重要的心理事实就是人们对优越感和成功感的追求。这种追求与人的自卑感有着直接的联系。如果我们没有感受到自卑或处于下游，就不会有超越当下处境的愿望。因此，追求优越感和自卑感事实上是同一心理现象的两个方面。

从这个意义上讲，孩子拒绝上学或上幼儿园，通常是因为他追求优越的心理没有转化为学校的要求，从而表现出一系列反抗学校要求的行为。他通过捣乱或无礼等来吸引别人的注意，从而逃避所面临的困难。当他发生这样的行为时，就成功地吸引了老师或家长的关注。如果他因此被要求离开幼儿园或学校，那就正中他下怀。

有的孩子非常明白，那些被禁止的行为会影响他在学校的表现，但他非常顽固地坚持那些与学校要求不一致的行为。其原因可能是家长的焦虑、预言式的训斥和过多的关注等强化了这些行为。

如果孩子表现为无礼、说过多的话、不爱说话、爱哭泣、考试期间异常紧张等，或者有一些违反学校要求的行为，如拒绝画画、总是忘带书包等，其背后的目标是一样的，即以一种不费力、便捷的方式追求优越感。因为表现出这些行为后，成人整天为此喋喋不休，他就会觉得得到了关注，获得了成功。

对这些孩子而言，如果成人每天盯着他们的问题行为，会使他们更加相信自己不适合学校生活。相反，如果成人通过不同的方法使他们对自己感到自信，就会帮助他们重新树立勇气和信心，逐渐改掉之前的问题行为。

# 04 让孩子“听话”，正向引导比威胁更有效

“人人享有免于恐惧的权利”，免于恐惧是人类追求的基本权利，孩子也不例外。在日常的亲子沟通中，父母为达成管教的目标，常常下意识地“威胁”孩子，因为这种方法通常会有立竿见影的效果。然而，如果父母长期使用这种基于风险的亲子沟通模式，可能会让孩子丧失面对生活的信心和勇气，甚至让孩子陷入恐惧之中。

那么，父母采用什么样的沟通模式，才能更有效地激发孩子达成合理的目标呢？

## 认识资源沟通和风险沟通

健康心理学的研究结果表明，如果想激励个体面对挑战和困难，让其发展出健康的行为，资源沟通比风险沟通更为有效。

风险沟通是比较传统的方法，即通过激起人们对健康威胁的恐惧，使其认识到自身处于疾病或伤害的威胁中。

资源沟通是指通过提高人们的自我效能感——人们对于自己完成具有挑战性的任务和超越自身能力的任务的评价——引导人们看到通过自己的努力可能得到的东西。

风险沟通意在通过使人害怕威胁而改变不良行为，但沟通结果往往并不理想。通常情况下，最初的风险感知会使人产生改变的动机，但在随后的过程中就逐渐失去了作用。所以，我们常听到有人说："我也想改变呀，但是太难了，坚持不下去啊！"

人们习惯使用风险沟通模式，是因为有个错误的假设：当我们意识到自己的行为会带来威胁时，一定会停止自己的行为，即假设人是理性的，当感知到风险时，总能以最理性的方式行事。如果真的是这样，心理学存在的意义至少失去了一大半。成人尚且不能理性，更何况是孩子呢?

## 父母常常使用风险沟通模式启动孩子的负能量

父母在亲子互动中很容易走向两个极端：

一是直接打开负能量的大门。在亲子互动过程中，一些父母不断强调和关注孩子身上出现的问题，常常通过警告来提醒孩子将来可能遇到的困难或问题，或者对孩子限制过多，使孩子束手束脚等。这些都容易使孩子丧失勇气和信心。

二是父母传递给孩子的信息看似正能量，实则是假正能量。有些父母采用过度夸张的方式夸奖孩子"聪明""漂亮""棒"等，或直接称孩子为"王子""公主"，这会给孩子带来一种错觉，觉得自己好像就是童话中的王子或公主，导致孩子产生过度的自信心。当遭遇现实时，孩子极可能丧失面对真实生活的信心和克服困难的勇气。这样的亲子互动反映了父母内心的焦虑，即担心孩子面临困难时缺少信心，从而想帮助孩子规避风险，实则传递了困难很可怕等潜在信息。

当孩子看不到自己真实拥有的资源时，通常表现为两种情况：一种是孩子的内心不平和、敏感易怒，容易受制于他人和周围的环境；另一种是孩子关闭了自己的心门，用一层厚厚的盔甲把脆弱的内心包裹起来，表现出过分地大条、不在意、听不进话等特征，行为表现像是多动症。以上两种表现完全不同，但实质是一样的，即容易丧失信心和勇气。

## 风险沟通导致孩子产生无力感，资源沟通更能解决问题

新近发展起来的本体心理治疗理论认为，如果我们总是想除掉不喜欢的黑暗，黑暗就会越聚越多；如果我们点亮美好的感觉，黑暗就会慢慢消失。

这一点我深有感触。有一次，我参加一个专业培训，有幸争取到展示案例的咨询机会。当我陈述自己想要解决的问题，并体验到不舒服的感觉时，老师接纳了我的负面感觉，并引导我体验更多积极的感觉。我在报告积极感觉时，每次都会加上一句："但是这种负面的感觉还存在。"我迫切地想要解决问题，一心只想把这种不好的感觉除掉，从而一次次地忽略好的感觉。事实上，当我沉浸在负面的感觉中时，完全丧失了对积极感觉的体验，认为只存在受伤的感受。

每一次循环，老师都引导我体验更多积极的感觉，带着积极的感觉再去观察那些负面的感觉。多次循环后，神奇的事情发生了，我重新看到了其他可能性，受伤的感觉也减少了，头脑里的图片发生了变化，从无力和危险变成了温暖、安全、有力量。大脑里产生了新的认知，疗愈发生了。

亲子互动的过程何尝不是这样呢？作为父母，该如何帮助孩子看到自己所拥有的真实资源，提升孩子面对困难的力量和信心呢？

## 关注孩子真实的资源，调动他解决问题的力量和信心

儿子在面对没做过的事情或遇到困难时，经常会着急或发脾气，我曾经的第一反应是“这孩子怎么这样”，带着这样的心态去纠正他的“问题”，结果肯定不理想。

后来，我尝试看到他已经拥有的资源。比如，我绘声绘色地跟他讲：“在你刚出生的时候，你的小手还不会做事情，但是你不断地使用和训练，就慢慢学会了使用筷子。瞧，你现在用得多灵活，能夹住花生、豆子，甚至粉条呢！”儿子听后，通常乐得张开嘴巴，然后美美地看着自己的小手，很为自己感到骄傲。

当孩子看到自己已经拥有的资源时，就会打开心灵正能量的大门，带着这份能量，他就更有信心去面对困难。而且，由于这些资源是他过去努力的结果，孩子通常也更能够承受失败。

但要注意，资源沟通的过程必须是真实的，是孩子能够感受到并且相信的，这样才可能转化为他的力量和信心。

## 正向引导比威胁更有效

父母为了警告孩子或者引起孩子重视，通常容易使用的句式是：如果你不做 A，你就会失去 B。比如：

如果你不完成作业，你就会考得很差；

如果你不好好吃饭，你就会长不高；

如果你不洗脸，大家就会笑话你；

如果你不保护好自己的眼睛，你的眼睛就会受到伤害；

……

体验一下，如果我们耳边天天充斥着这样的语言，怎么会有信心去面对困难？以上是典型的风险沟通方式，每一句话都在告诉孩子会失去什么，这些语言唤起的主要是恐惧和威胁，如果孩子长期处于这种情绪状态中，勇气和信心就会被一点点地摧毁。

如果按照资源沟通的思路，上面的表达方式就可以变成这样的句式：如果你做了 A，你就会得到 B。这里的“B”不是物质奖励，而是指孩子可以获得的能力、健康等资源。例如：

如果你完成作业，你就能把知识掌握得更牢靠；

如果你好好吃饭，你就会长得高高的；

如果你洗脸，小脸就会很干净、很漂亮；

如果你好好保护眼睛，你的眼睛就会更明亮；

……

这时再体验一下，你会有怎样的感受？是不是听完就想去做这些积极的行为，内心有了满满的正能量呢？

## 通过游戏方式，引导孩子认同理想中的角色

孩子总会有无力的时候，也会有感受不到自身资源的时候，甚至

有时找到了自身资源也无法激起正能量。此时，游戏提供了一种极好的方式。每个正常发展的幼儿都喜欢游戏，通常每个孩子都有自己喜欢的角色，父母通过孩子喜欢的角色，借助创造性的游戏，可以帮助孩子转变能量状态。

前不久，儿子感冒痊愈后不愿意去上幼儿园，每天早上起床后第一句话就是："妈妈，今天是周末吗？"接下来，他就开始磨蹭，而我又赶时间，我们之间经常出现对抗情绪。

一天早上，儿子起床后仍然磨磨蹭蹭。我看着时钟，想着上午的工作，内心的火气不断往上蹿。经验告诉我，强迫和威胁只会让他的行动变得更慢，必须换一种方式。忽然，我灵机一动，对着儿子喊："赛罗奥特曼！"（儿子最近喜欢奥特曼，所以自称赛罗）儿子精神一振，我又说："我们闪电大队现在要执行一个霹雳行动，争取在5分钟之内收拾好东西，做得到吗？"儿子大声说："做得到！"我说："快速反应，立即行动！"儿子一边大声喊："收到，行动！"一边快速地穿衣服。

这件事让我不禁感慨，其实变通一下沟通方式，事情就变得很容易。借助孩子喜欢的人物角色，创造性地进行游戏，引导孩子在面对困难时提升克服困难的勇气和信心。

游戏不仅是幼儿主要的生活方式，也是幼儿体验社会生活、理解自己和他人的训练场。如果能够将孩子喜欢的游戏巧妙地融入日常教育中，将会产生润物细无声的效果。同时，也会大大提升亲子关系的质量，因为游戏也是增进亲子关系、释放幼儿压力和紧张情绪的重要途径。

## 05 “理想小孩”的期望，让孩子难以自我认同

大多数父母的头脑里都有一个“理想小孩”，这个小孩既听话又有独立见解，既遵从规范又与众不同，既谦虚谨慎又有领导风范，既静若处子又动如脱兔……父母的这些想象虽然美好却相互矛盾，孩子很难集这些相互矛盾的特点于一身。

很多父母不止于美好的想象，还按照自己大脑中的标准努力地塑造着孩子。这样做的结果，要么永远无法实现“理想小孩”的想象；要么即使实现，孩子内心也会充满冲突，经常拿自身的一部分去反对另一部分，难以自我认同，无法享受生命。

### 如果孩子从小听妈妈的话，长大谁听他的话

一位青春期孩子的妈妈苦恼不堪地说：“我儿子越来越不听话了，让他干什么他偏不干，好像专门跟我对着干似的。您给支个招吧，看我该怎么管教他。”

我问她：“你希望孩子将来听老婆的话，还是老婆听他的话？”这位妈妈不好意思地笑着说：“当然希望老婆听他

的了。”我说：“如果他现在事事都听你的、顺从你，将来面对老婆时，你觉得他会听老婆的，还是老婆听他的？”这位妈妈恍然大悟地说：“我从来没想过这个问题。这么说，孩子现在有想法，不听我的话也算是好事了？”

虽然二者之间没有绝对的对应关系，但是这位母亲对“理想小孩”的期待，随着情境的变化而变化，真实地反映出父母的心态，即为了满足自己的要求，容易忘记孩子是独立的个体。父母面前听话的孩子，摇身一变成为他人面前的领导者；父母面前循规蹈矩、不能出错的孩子，转身变成他人面前充满勇气的挑战者；对老妈言听计从的儿子，长大后让老婆听从自己……这一切怎么成为可能？

对于父母而言，不断地变换期待是很容易的事情，但对于孩子而言，不断地根据父母的期待改变自己的性情，非但不容易，也是非人道的。

## 父母的养育行为受内心信念的支配

在父母与孩子的互动中，面对孩子不断变化的行为，父母如何做出反应，绝不是表面上看起来那么随意和毫无来由，其背后往往受到潜在或明确的信念、动机和观念的影响。

一位幼童在玩玩具时，把新买的玩具拆开了。母亲看到后，有点儿克制却又生气地说：“这个玩具不是这样玩的，这么贵的玩具，你怎么把它拆了？”孩子说：“我想看看里面这个小人为什么会动。”母亲只是听到了孩子的声音，但根本没有听进去，也没打算听懂孩子的意思。不过她发现孩子没有按照她的预想停止“破坏”活动，而是继续在“搞破坏”。

母亲有些焦虑，又本能地控制着自己的情绪，跟孩子说：“如果你再这样不爱惜玩具，我以后就不再给你买了。”孩子一听，哭着说：“不要，不要，妈妈，我再也不拆了。”母亲这才放下心来。

这位母亲的反应背后正是稳定的养育信念在起作用，这些信念指导着她自动地应对育儿过程中不断出现的新情况，而她在潜意识层面却很难意识到其中潜在的问题。

## 父母意识与潜意识的冲突，让孩子难以自我认同

意识是我们头脑中清醒地知道的信念、要求、规则等，我们通常可以管理这一部分。比如，有的父母知道一些话绝不能在孩子面前说，事实上也确实做到了。

潜意识是我们自身觉察不到的部分，然而我们的身体、情绪、举手投足等通常会泄露这一部分内容。比如，你对孩子的言行感到很生气，但是你头脑里有些规则告诉你“不可以发火”，于是你迁就忍耐，你以为自己可以伪装得很好，实际上那些你没有办法控制的部分，已经泄露了你生气的信息。孩子是天生的感受专家，因此通常会捕捉到你的真实感受。结果，孩子反倒像是要把你内心的火气激发出来一样，坚持不懈地表现出那些激怒你的行为。

这也是一些父母的困惑：“我忍着不发火，结果孩子的行为并没

有像预想的那样停止。”这是因为虽然你的意识忍着不发火，但潜意识却出卖了你。发不发火本身其实并不是最重要的，何况父母从来不发火、不生气是不现实的，孩子也不需要这样完美的父母；最重要的是父母能否真诚地面对自己和孩子，因为真诚是建立良好亲子关系的纽带。从这个意义上说，父母是什么样的人比父母的育儿方法更为重要。

有这样一个案例。

一位父亲是数学老师，他除了对自己的专业比较满意外，对自己的生活并不满意，数学这门专业几乎成为他唯一自信的资本。他希望女儿遗传自己的数学天赋，最好能够青出于蓝胜于蓝。

幼儿阶段的女儿开始对数数感兴趣时，会使用手指头或借助实物来学习加减法，这是幼儿正常的思维方式。父亲却有些着急地说：“‘1+1=2’多简单啊，你怎么还用手指头算？”

上了小学后，女儿的数学成绩很一般。父亲每次看到女儿的数学成绩，都会非常郁闷地说：“我的数学天赋怎么没有遗传给你呢？”渐渐地，女儿认同了自己数学不好这件事。幸运的是，女儿读中学时遇到了一位很好的数学老师，他非常欣赏地对她说：“你很有数学头脑，好好学吧！”女儿虽然有些怀疑，但是看到老师真诚的目光，就开始对数学感兴趣了。后来她逐渐喜欢上了数学，一次期末考试，竟然考了全班第一名。她欢天喜地地把试卷拿给父亲看，父亲高兴之余，警告女儿说：“女孩的数学一般都不好，一次考高分并不能说明什么，你千万不要骄傲。”女儿重新燃起的自信，再一次被自己的父亲摧毁了。

父亲在意识层面希望女儿数学成绩好，这一点毋庸置疑。然而，他潜意识层面则觉得孩子的数学怎么可能超过我。父亲在遗憾“自己的数学天赋没有遗传给女儿”时，内心也许还会感到得意和满足：如果我的数学天赋不能在这个家庭排第一，我还有什么值得自信的东西？因此，每次说到女儿的数学不好，相对应的就是父亲的数学好，这是一个多么隐秘的游戏啊！

一方面，父母希望孩子有主见；另一方面，孩子不听从父母的决定和忠告并遭到碰壁时，父母是否有一个躲在暗处的“小我”，在幸灾乐祸地等待着孩子拜倒在自己的脚下呢？一方面，父母希望孩子能够自我管理；另一方面，却总是不自觉地包办孩子的事情，不给孩子犯错或体验自己力量的机会。有的父母甚至因此阻断孩子的自我成长和探索之路，借机让孩子乖乖交出自己的生命体验，变成父母意志的延伸。父母在意识和潜意识方面存在的冲突，往往让孩子感到无所适从，无法真正地认同自己。

## 父母要学会自我觉察，捕捉自己潜意识的动机

我们的潜意识和意识实质上是一致的，它们有一个共同目标，就是让我们感觉良好，以提升自我价值感和自信。然而，因为它们长期彼此分裂、缺少沟通，以为没有共同利益，所以在实现各自的目标时常常出现冲突。要想改写这种程序，就要提升自我觉察，敏锐地捕捉自己潜意识的动机，敢于面对自己内心的脆弱、痛苦和无助。当你开

始面对时，其实就已经在解决问题了。

父母要学会自我觉察，不断反思，怀着开放的心态去探寻自己的潜意识。只有这样，育儿的道路才会越走越平坦。这就好像你正在走路，突然掉进一个坑里，如果你没有借此机会进行反思和自我觉察，下一次再掉进去几乎是必然的。但如果进行了自我觉察，下次再遇到这个坑你就会绕过去，避免犯同样的错误。

随着越来越多的自我觉察，我们会越来越有意识地生活，我们的内心会越来越自由，越来越有信心，养育孩子也会越来越得心应手。

接下来，你不妨想象一下自己头脑中“理想小孩”的模样，并用一些形容词进行描述，看看它们之间是否有冲突。如果有，请慢慢学习自我觉察，别让你心目中的“理想小孩”摧毁了孩子的自信心，让孩子变得无法认同自己。

真正的独立不是训练得到的，而是孩子在得到敏感、有爱的照顾，获得对这个世界基本的信任感，感受到被爱的基础上，自然生发出来的内在需求。

CHAPTER 5

# 独立是父母送给孩子最好的礼物

# 01 养育孩子就是为了更好地分离

## 孩子成长的过程，其实就是与父母不断分离的过程

婴儿从呱呱坠地的那一刻起，母子就开始了分离的旅程，之后还要经历诸如断奶、学步、上幼儿园、较长时间离开父母生活等一系列重要的分离事件。在这些分离情境中，孩子离开父母的时间越来越长，相隔的空间距离也越来越远，但这是孩子成长为一个独立个体所必经的历程。

面对分离，不仅孩子会表现出焦虑和不安，妈妈内心的焦虑和不安有时可能更甚。所以，很多时候不是孩子不能承受分离焦虑，而是妈妈自己因为无法消解内心的焦灼而无法放手。对于难以放手的妈妈而言，适时地尝试放手，你会惊喜地发现：孩子比我们想象的更强大、更能适应新的环境和生活。

儿童的成长过程有很多不同的发展阶段，根据儿童自身发展的需要，适时地允许其分离，能够促进孩子心理的成长。如果太早分离，可能导致孩子的心灵受到创伤；如果太晚分离，又可能导致孩子发展的停滞。

暑假，我和先生带着 4 岁多的儿子回老家。在家住的几天，我试探着问儿子想不想留在老家多住几天，他一会儿说愿意，一会儿又说不愿意。看他这么犹豫不决，我们还是决定带他一起走，因为把他留在老家我会有“妈妈式”的各种担心。

在我们临上车前，儿子竟然出乎意料地不愿意上车，说自己要在老家住一段时间。坦白讲，在此之前，我们母子之间只有两次分开的经历，每次只有一个晚上，而且是儿子在家、我离开家的情况。这次如果留在老家，至少需要一个月之后我才能来接他，所以我心里根本没做好准备。于是，我跟他讲了留下来要面临的几个重要问题，儿子的回应表明，他知道这个决定意味着什么。于是，我承受着不安和焦虑，尊重他留下来的选择。

当时返家的路上，我心里很乱。想象着他哭着找妈妈的场景，我已经做好了心理准备：一接到老家打来的电话，我就立刻折返回去。终于到家后，我深深吐了一口气：看来今天不可能再返回去接他了。孩子轻松说“再见”，妈妈却纠结不安，这或许是许多母子分离的真实写照。

没想到，留在老家的儿子表现得完全超出我的想象。头两天晚上，他情绪有些低落，但并没有发生我想象中的哭闹情景。从第三天开始，他的情绪一直很稳定、很开心。最后竟然顺顺利利地在老家住满了一个月。

有了这次经历，我慢慢学会享受孩子不在身边的生活。对于儿子而言，这样一次成功分离的经验，也有利于提升他对自己的认识。比如，他意识到自己已经长大，可以离开妈妈独立生活了。积极快乐的分离经验，能够为他今后面对各种变化打下良好的心理基础。

对于此次分离的体验，我回顾之前养育儿子的经历，有些许心得。作为父母，我们该如何帮助孩子更好地面对分离呢？

## 更好分离的心理基础：在孩子心中内化一个稳定妈妈的形象

在孩子成长的过程中，如果妈妈是一个相对稳定的形象，比如，妈妈在早期稳定地陪伴过孩子；妈妈的情绪比较稳定，给孩子的爱也比较稳定；妈妈对孩子的反应既积极又尊重幼儿探索的需要……孩子在内心就会逐渐内化妈妈稳定的形象。这个内化的妈妈形象，成为孩子自我的一部分，当妈妈不在身边时，能帮助他行使管理自己的功能。

打个比方，如果你离开恋人去另外一个地方，可能会出现两种情况：一种情况是你相信恋人很爱你，你也爱你的恋人，你相信即使你不在他身边，他的心也很稳定地系在你身上；另一种情况是你不相信恋人真心爱你，你担心如果不在他身边，他就可能移情别恋，也可能没把你放到心上。第一种情况下的恋人就是稳定的形象，你离开他之后，更可能安心地在新的环境学习或工作，而不用怀疑他对你的爱。如果是第二种情况，你就会因为担心而不由自主地用大量的精力来应付自己的焦虑和担心，对新环境也很难感兴趣。

同样地，如果孩子内心的妈妈形象是稳定的，他就更可能在现实中与妈妈成功分离，并且在离开妈妈时保持情绪稳定，乐于探索新的环境，更容易对新环境中的人和物感兴趣。反之，如果孩子内心的妈妈形象不稳定，他就很难与现实的妈妈分离。

那么，怎样才能帮助孩子在内心建立稳定妈妈的形象呢？

## 不要试图用妈妈的爱来威胁孩子

面对孩子的淘气和无理取闹，有时妈妈会发怒抓狂，这是很正常的。但是不管你如何怒火中烧，一定要尽量少用诸如“你再胡闹，我就不要你了”“你再不听话，我就不喜欢你了”“你再这样，我就生气了”这些以剥夺妈妈的爱作为威胁的语言。因为这些话会让孩子失去安全感，或者对妈妈的爱感到怀疑，觉得妈妈的爱是有条件的，只有自己达到妈妈要求时妈妈才爱自己，否则就得不到妈妈的爱。

事实上，忙碌辛苦的妈妈如果因为孩子的顽皮偶尔有情绪、发脾气，是可以理解的，因为妈妈毕竟不是神，也会有控制不住情绪的时候。如果我们和孩子之间发生了冲突，甚至因为生气而打骂了孩子，也没有太大的关系，因为这样偶尔为之通常不会对孩子以及亲子关系造成负面的影响。但切记不要用“不爱”来威胁或恐吓孩子。

## 做一个能够自我照顾的妈妈

通常情况下，我们会想当然地认为是妈妈在照顾孩子，事实上，当妈妈出现了负面情绪，孩子是绝对不会无动于衷的。因此，在家庭治疗过程中，常常会出现一个被称为“替罪羊”的孩子角色，孩子可以非常敏锐地感受到家庭的需要，他通常以牺牲自己来保全家庭的平衡。如果妈妈能够照顾好自己，好好享受生活，在给孩子身教的同时，也可以让孩子不用操心妈妈过得好不好而安心地成长。

妈妈有负面情绪需要面对和处理时，可以尽量用贴近孩子生活、孩子能够听懂的语言告诉孩子：“每个人都会有开心、伤心或难过的情绪，它们是我们的朋友。当难过出现时，妈妈是可以照顾好自己的。”让孩子相信妈妈能够照顾好自己，并用实际行动做一个热爱生活、享受生活的人。

如果妈妈在生活中能够有意识地做到这些，稳定妈妈的形象就会扎根于孩子的内心深处，给孩子带来安全感，并作为孩子自我的一部分而影响他的一生。

## 更好分离的心理能力：鼓励自由探索，提高适应力

适应力是个体面对变化时，为适应不同的任务或环境时所具备的心理能力。事实上，我们生活的环境总是处在动态变化中，比如，今天出门见了不同的人，去不同的地方玩，天气发生了变化等。适应力是孩子基本的心理素质，对于幼儿而言，成长过程中的每一次分离都是一次重要的变化。因此，提高适应力可以帮助孩子更好地面对分离。

### 鼓励孩子自由探索，孩子可以更好地适应新环境

适应力的建立，很大程度上归功于幼儿的自由探索活动，它是幼

儿了解外部世界的途径。当然，只有在心理感觉安全的环境下，幼儿才会进行自由探索。比如，孩子来到一个陌生的地方后（妈妈只是在场并不一定需要出场），如果他把妈妈当作心理上安全的“大本营”，就会慢慢开始自由探索。在探索新环境的过程中，孩子会不时地看一眼妈妈，确认妈妈在场，他就会继续探索。如果在探索的过程中感觉缺少能量或缺乏安全感，他会跑到妈妈身边，通过拥抱或亲吻妈妈等方式重新获得能量，然后继续投入到探索之中。妈妈在场的这个探索过程，就是逐渐提高适应力的过程。

## 借助过渡客体，帮助孩子面对分离

心理学研究表明，使用过渡客体能够帮助孩子更好地面对分离。过渡客体是由婴幼儿创造的，并且拥有母亲慰藉特征的物品，可以是玩具、毛毯、衣物，也可以是一种声音、一个动作，是幼儿自己赋予了它情感的属性。对于我的儿子来说，他离开北京时带的图书、故事机，还有在老家摘的一个大葫芦，都类似于过渡客体的作用。在他情绪低落或者想念妈妈的时候，可以借助这些熟悉的物体作为排解：抱着妈妈摘的大葫芦，想象自己变成强大无比的金刚葫芦娃；无聊的时候听听故事机里熟悉的故事。这些都可以成为他心理的慰藉。

## 帮助孩子提前熟悉新环境或陌生人

每年，我们一家三口都会在寒假、暑假各回老家一次，因此儿子在心理上对老家有亲近感，喜欢老家的菜园子、葡萄架，以及亲切的姥姥、姥爷、舅舅、舅妈、小表哥等。这一切都营造了一个安全的心理环境，使得他很快就能融入其中，开始新鲜又熟悉的老家新生活。

如果把内心缺少稳定妈妈形象的幼儿直接放到陌生的环境中，可能会对孩子造成严重的心理创伤。当然，生活不容易，妈妈们很难面面俱到，但是最好不要让孩子感到心中无所依靠。我在许多大学生心理咨询的案例中发现，一些严重的精神病患者，幼年都有被寄养到各处的经历。对于幼小的孩子而言，不断更换主要抚养人，妈妈莫名其妙出现又消失等，发生年龄越早，对孩子的伤害和影响就越深远。

## 02 让孩子学习自己做决定

当孩子可以为自己做些力所能及的决定，并承担相应的后果时，他不但能够学会预测自己行为的后果，还能感受到自身的力量和对生活的控制感。善于自己做决定的孩子，在遇到困难或变化时，会更积极主动地去寻求解决办法，重新找回控制感。同时，当他能够自己做决定时，就更有动力去坚持并执行自己的决定。

自主做决定绝不是个体从某一天开始忽然就具备的能力，而是经过很多经验的积累才学会的。家庭或学校教育中通常容易缺失这一部分，因此，即使是成年人，有时也面临着自己做决定的困难，而习惯选择让他人来决定自己的生活，然后做一个不用承担责任的角色。

### 让孩子做自己的小管家

一个可以独自做决定的孩子，能够促进自我意识的发展，获得掌控生活的满足感，并且更懂得管理自己。

让孩子学习做决定，可以从身边的小事做起。比如，可以让孩子管理家里的零食。也许很多妈妈会担心，如果让孩子自己管理零食，孩子会不会因为失去控制而过量地吃零食？我的体验是，这是孩子学会自我负责必经的阶段。

儿子两岁多时，我们之间因为吃零食的问题有很多斗争和冲突。因为我掌握着零食的管理权，而他总是想办法多吃，尤其是糖。后来，我给他准备了一个多层的小柜子，尝试让他自己管理零食，儿子非常兴奋。在此之前，我和他约定好一段时间的零食总量，并约好每天吃糖的量，其他的则由他自己把握。一开始，他会偷偷多吃糖，多吃一两颗时，我就睁一只眼闭一只眼，全当不知道。如果吃得过多，我就会提醒他，如果提醒仍然无效，我就按照之前的约定，暂时收回他对零食的管理权。之后，他大部分时间都管理得很好，慢慢地我几乎不用管他了，他每天吃的零食总量比起以前反而更少了。此外，他还会根据零食库存的情况提醒我需要买些什么，像个小管家一样。

## 让孩子承担自己做决定所带来的后果，无论是好是坏

只有让孩子学会承担自己做决定所带来的后果，他才可能认真地对待自己的每一次决定，并且愿意承担这些后果。

儿子2岁左右时，有段时间吃饭时总要玩一会儿再吃，我提醒很多次都没用。又有一次，他仍然在吃饭时不吃饭，大家用餐完毕，我就把他的碗也收走了。过了一会儿，特别爱喝粥的儿子说饿了，我很无辜地说："已经过了吃饭的时间，碗都洗过了，我以为你不想吃呢。"儿子因为没喝到粥大哭起来。但自此以后，他吃饭就准时多了。后来，他甚至还叮嘱我："妈妈，我的饭给我留着啊，我马上回来吃。"

吃饭是孩子自己的事情，不是为父母吃，父母需要用行动告诉孩子这一点，而不仅仅是用语言提醒。

## 孩子所做的决定必须是“有选择的”和“力所能及的”

让孩子自己做决定，绝不是指全部事情都要让孩子做决定。父母要让孩子明白，有的事情他可以做决定，而有的事情则必须由大人来做决定。父母要根据自己的实际情况来把握，原则是即便让孩子自己做决定，父母也可以控制住局面。如果父母不放心让孩子做决定，就应该通过自我觉察来区分这种不放心是来自现实，还是来自自身的焦虑和想象，区分清楚以后，你就知道接下来该怎么做了。

前文提到儿子在老家住一个月，是他自己做的决定，我虽然焦虑，但觉察到这种焦虑是来自我自身，并非来自现实，因此最终尊重了孩子的选择。但如果他想自己骑着小自行车去幼儿园，我肯定不会允许。

## 培养孩子“我自己来”的能力和信心

孩子即便具备了心理基础，但如果缺少实际生活技能的支撑，他的信心也很难持续下去。分离意味着独立的尝试和训练，如果孩子具备与年龄相符的生活技能，就可以为分离提供现实的支撑。

其实，吃、喝、拉、撒、睡、穿、玩等生活技能，都可在日常生活的点滴中进行培养。孩子通常会在某个时期对某些事情表现出特别的兴趣，妈妈要善于捕捉孩子感兴趣的时间点，然后顺势而为，允许并创造条件让孩子训练自己，这样就会达到事半功倍的效果。

在帮助孩子提高生活技能时，父母应该注意以下问题。

第一，孩子的能力发展表只能作为参照，不能作为衡量孩子的标准。每个孩子都是不同的，发展的阶段和速度也不一样。所以，父母千万不要对照一些标准评价表来训练孩子，标准只能作为参考，不能用来衡量孩子能力的高低。有的妈妈会过分看重这些评价表，甚至根据标准强行训练孩子，或者因为孩子达不到标准而感到焦虑，这对孩子的正常发展是非常不利的。

第二，允许孩子在学习生活技能的过程中出现脏乱差、“帮倒忙”的现象。回想起来，儿子生活技能的培养，与我们大部分时间能够“忍受”他进行自我训练有关。比如，儿子 1 岁多时就对筷子很感兴趣，经常学着大人用筷子吃饭，我们对此并没有进行过多的干涉，所以餐桌常常被他搞得一片狼藉。结果，他不到 2 岁就能够相对娴熟地使用筷子了，甚至还喜欢尝试用筷子夹花生米等高难度动作，不断挑战自己，乐在其中。

## 鼓励孩子参与力所能及的家务劳动

儿子很喜欢进厨房，常常拿着去皮刀为土豆去皮，或拿着自己的玩具小刀切蒜薹、黄瓜等。如果时间允许，我会等他切完一盘菜，因为是自己切的菜，所以他吃饭的时候吃得特别香。三四岁时，他已经是我们的厨房小帮手了。很多育儿知识会提醒父母“不要让孩子进厨房”，这通常是基于安全因素而考虑的。其实，在做好必要的安全防护的基础上，妈妈完全可以鼓励孩子进厨房帮忙。

## 允许孩子的自理能力出现暂时的“退化”

很多时候，孩子会找各种理由“偷懒”，本来能自己做的事情也让父母帮忙做。父母完全没必要因为孩子自己会穿鞋，就不分任何情境，必须让孩子自己穿。在孩子心情不好或非常不想自己做的时候，偶尔代替孩子做一些事情也未尝不可。当孩子知道自己有退路时，才可能更勇敢地往前进。

有时，孩子“偷懒”仅仅是因为想确认妈妈的爱，就像成人自己会做的事情有时也想让爱人帮忙做，以证明自己是被爱的一样。有时，孩子可能是因为情绪不佳而不想做事，这时，父母最好不要较真地给孩子讲道理，可以尝试创造出有趣的方式让孩子自己做。比如，给孩子一个拥抱，外加一句发自内心的欣赏，如“你自己穿鞋子穿得又快又好”或者“你做事的时候像个大孩子一样”等。对于孩子来说，生活除了讲道理之外，还可以很有趣。

写到这里，我突然对生命本身产生一种敬畏感。父母其实并不需要焦虑该教给幼儿什么，只需要带着好奇和敏感，尊重生命成长的规律，生命本身就会做出最好的决定和选择。

## 03 过分追求独立，会让孩子失去自我

我们一直在接受着这样的教育：独立是好的，依靠别人的帮助是不好的。于是，“自己的事情自己做”成为一个永恒的真理，被无数父母用来教育孩子。我曾经也这样认为，直到儿子 3 岁左右时的一件事改变了我的看法。

> 一天，我在厨房做饭，让儿子帮我拿个东西过来，那边却传来儿子大人般的声音：“自己的事情自己做。”我听到他稚嫩的声音说着这样有底气的话，感到又好气又好笑。随即我便意识到，这句话正是从我这儿学到的。平时他需要我帮忙收拾玩具、穿衣服时，我常常说：“自己的事情自己做。”没想到这句话这么快就被还回来了。

从那时起，我开始重新审视和反思关于独立的教育。

凡事都应该有度，作为父母，一定要把握好各种育儿理念的度。为了让父母警醒，许多教育理念常常表现得具有革命精神，比如“夫妻永远不要在孩子面前争吵”“永远不要打孩子”“孩子能做的事千万不要帮他做”等论断。因此，在教育孩子的过程中，矫枉过

正是常有的事。面对那些育儿知识，父母在使用时一定要灵活处理，对于孩子独立的培养也一样。

## 独立的前提是有可以依赖的支持者

被迫的独立是不健康的独立，是不得不面对的独立。如果父母只想着让孩子独立，并未关注孩子的情绪和心理需求，孩子只能自己面对，别无选择。虽然父母是爱孩子的，但孩子感受不到这份爱，为了保护自己，他可能逐渐变得冷漠起来。

许多大学生有了困扰不会主动求助，只想摆脱那些负面的感觉，而不是勇敢地去面对它。阻碍他们求助的原因通常有两个：一是觉得没人能帮助自己，因为一直以来，他们习惯了自己面对问题，缺少被支持和被帮助的体验；二是觉得求助是弱者的行为，自己的事情搞不定会让他们自觉无能、不坚强等。有的人在出现重度精神障碍时还拒绝求助，还有的人甚至在选择自杀前都没有尝试过求助。因为他们好强而缺少情感，无法坦然向他人袒露自己的脆弱，通常很难与他人建立亲密的关系。

真正健康的独立是自感有所依赖的独立。在成长的过程中，应该让孩子感受到来自父母情感上的支持。当孩子遇到困难的时候，父母能够与孩子一起分析，并鼓励孩子自己去处理和面对。这样，孩子在面对困难时，知道自己背后有父母的支持，他的心是温暖的，因此会更加有力量。这种情况下，孩子的独立建立在前期依赖的基础上，并且有更多被支持的体验，所以在遇到无法克服的困难时，他往往更能主动寻求帮助。从这个意义上说，能够求助才是强者的行为。

## 健康的依赖是懂得求助，并且内心强大

不健康的依赖常常通过一味地顺从、让渡权利等，来获得他人的帮助、关注、保护和肯定等。过度依赖者即使自己有能力去做一件事情，也拒绝去做，而表现出虚弱无能的样子，希望别人来帮助自己。因为在被帮助的过程中，他们能够感受到联结和被爱，哪怕一直被施助者骂也在所不惜。过分依赖者常常会失去自我，他们把依赖当成目的，而不是手段。

健康的依赖，存在于过分独立和过度依赖之间。健康依赖的个体可以平衡亲密和独立的关系，在依靠他人的同时，仍能保有强大的自我意识；在需要帮助时，乐于请求别人的帮助，并且不因此而自责或自感弱小、低劣等。健康的依赖者能够充分信任别人，能够敞开心扉展示自己脆弱的一面，同时有足够的自信去处理关系中的冲突。

一个健康依赖的个体，其友情和爱情通常都会比较浓厚，也更加懂得如何为人父母。由于善用各种资源，他们在职场上的能力也会得到提升，身体会更健康，心态也更乐观，更能享受生活。

相对于过分独立者，健康依赖者的内心是充实而温暖的；相对于过分依赖者，健康依赖者的内心是有力量的。

健康的依赖和健康的独立相似，只是侧重点不一样。

## 过分强调独立，会让孩子感到无助

橙子是一名小学生。一次，在小区里与一群小朋友玩耍时，橙子被一个大孩子打了一下。当时，橙子妈妈正在和别

人聊天，没有看见这一幕。直到回家后，妈妈看见橙子脸上有红红的痕迹才问起她。妈妈心疼地说："妈妈当时就在旁边，你为什么不向妈妈求助呢？"面对妈妈的询问，橙子只是默不作声。

事实上，这位妈妈信奉"独立教育"，为了锻炼橙子的独立性，同时也担心将来分床睡会有困难，橙子自从生下来至今都是自己睡小床。妈妈何尝不想抱着香香的宝宝入睡呢？但为了执行自己的教育理念，妈妈抑制住了自己的母性。

橙子小时候与别的小朋友发生冲突或争执时，妈妈都选择让她自己处理，因为妈妈的理念是孩子的事情应该由她自己来解决。所以，每当橙子把目光投向妈妈，希望获得妈妈的帮助时，妈妈总是选择让孩子自己去面对。慢慢地，橙子遇到困难时的第一反应是自己保护自己，即便被打也选择默默承受，因为她已经习惯了不能从妈妈那里得到想要的保护。

## 过分追求独立，会让孩子失去自我

过分独立的个体，最害怕的往往是不独立。不幸的是，因为他们害怕不独立，所以无法接纳自己脆弱的部分，终究可能会失去自我。

志远从小学业很棒。上大学后，他参加各种社团活动，担任各种学生干部。他视求助为无能，只有当他觉得自己有能力时，才会觉得暂时安全。他逼迫自己不断地努力、再努力，甚至连谈恋爱都觉得浪费时间。最终，经过在职场上的努力打拼，他建立了自己的事业王国，掌管着许多人的命运。事业是他的生命，至于其他的事情，包括恋爱、婚姻和孩子，都不重要。他跻身上流社会，受到了很多人的仰视，他从中得到了某种满足。

然而，当他结束一天的工作，夜深人静独自面对自己的时候，莫名的失落感和空虚感会席卷而来。他很困惑自己到底丢失了什么，但是他从来不向任何人甚至是妻子流露这种感觉。相反，他总是设法摆脱这种感觉，用他那强大的意志力控制住它，这是他最擅长的。当他第二天埋头工作时，这些难受的感觉就暂时消失，他看起来又满血复活了。

对别人而言，他像神一样不可触摸，他不会依赖别人，也不会向亲朋好友展现他脆弱的地方，更不会向他人求助，他失去了跟其他人建立亲密关系的能力。他已经习惯了作为强者而存在。然而，他内心其实很孤独，甚至很脆弱。他很可能被抑郁症袭击。

为了在这个竞争激烈的社会争得一席之地，为了体现自身的价值，许多人走得太远了，远得找不到回归心灵之家的路。纵使拥有外人羡慕的一切，黑夜来临时，空虚感和孤独感便会涌上心头。

我们在太辛苦时，是否可以在黑夜中寻找和辨认模糊的自己？那失落的自己便是我们的心灵之家。

## 真正的独立不是训练出来的，而是孩子的内在需求

我个人认为，至少在养育 1 岁以内的婴儿时，如果母亲不知道该

怎么办，与其向专家或书本寻求帮助，倒不如向自己做母亲的本能求助，实在没有办法，就向动物妈妈们寻求帮助。虽然打这样的比方有些不雅，但道理是相通的，母猪让小猪吃奶时从来不会去看钟表。所以，像母猪一样养育婴儿，就是依靠母亲的天性去养育孩子，这样做未必不好。

真正的独立不是训练得到的，而是孩子在得到敏感、有爱的照顾，获得对这个世界基本的信任感，感受到被爱的基础上，自然生发出来的内在需求。所以，2 岁的孩子会说“不”；四五岁的孩子会因为成人把橘子剥好递给他而大哭，因为他想自己剥，想感受自己的力量；青春期的孩子要求自己有独立的空间，努力成为自己。这些都是孩子内在发展的需求。

所以，婴儿表现出的行为——无论是你希望看到的（如微笑等），还是你不愿意看到的（如哭闹等），如果都能得到及时而温暖的回应，他就会感觉自己的双脚站在坚实的大地上，内心会踏实而安全，会获得稳定的人格内核，这就是自信的基础，即自信是基于最原始的爱而产生的。

## 健康独立（依赖）的孩子更善于利用资源

亲子关系是孩子未来人际关系的模板，如果孩子拥有被尊重的独立感，同时也具有可以依靠的体验，那么他将来更可能获得必要的帮助，更加善于利用资源来发展自己。

一个小男孩在他的玩具沙箱里玩耍。沙箱里有一些小汽车、塑料水桶和一把塑料铲子。在松软的沙堆上修筑公路和隧道时，他在沙箱的中部发现一块较大的岩石。小家伙开始挖掘岩石周围的沙子，企图把它从泥沙中弄出去。他手脚并用，似乎没有费太大的力气，岩石便被他推到了沙箱的边缘。这时他才发现，他无法让岩石翻过沙箱边缘。

小男孩下定决心，用手推、用肩挤，左摇右晃，可是每当他刚刚取得一些进展的时候，岩石便滑脱下来，重新掉进沙箱里。小男孩急得哼哼直叫，使出全身力气猛推猛挤。结果岩石再次滚落回来，并砸伤了他的手指。最后，他伤心地哭了起来。

这个过程被男孩的父亲从起居室的窗户里看得一清二楚。父亲来到孩子面前，温和地问孩子："宝贝，你为什么不用上所有的力量呢？"

垂头丧气的小男孩抽泣道："我已经用尽全力了，爸爸，我用尽了我所有的力量！"

"不对，宝贝，"父亲纠正道，"你并没有用尽你所有的力量，你还没有请求我的帮助。"说完，父亲弯下腰，抱起岩石，将岩石搬出了沙箱。

我想，故事中的小男孩以后再遇到无法解决的困难时，这段经历可能会启发他更自然地去寻求外界的支持。

## 健康的依赖是走向独立的动力

在不健康的依赖关系中，获得帮助本身就是目的，一旦得到你想要的东西，整件事就结束了——多么安逸、多么轻松啊！而在健康的依赖关系中，只有在必要的时候才会向别人寻求帮助，这样做是为了让自己变得更有力量，是为了下一次能做得更好。

在不健康的依赖关系中，寻求帮助是为了逃避挑战；在健康的依赖关系中，寻求帮助是为了学习和成长。因此，健康的依赖才是走向独立的动力。

# 04 孩子叛逆或许是好事

常有父母向我咨询孩子叛逆的问题，这些孩子的年龄从 2 岁到 18 岁不等，基本情形是孩子不听父母的话，与父母对着干，或者说出攻击性很强的语言等。这些表现让他们的父母不仅感到生气，甚至感到伤心、寒心。还有的父母说，自己在面对孩子的叛逆时一再地退让，结果却适得其反，为此感到十分困惑。

如果孩子懂事顺从，父母很少会感到困惑，因为这样的孩子通常会让父母感到满足和省心，甚至认为这是自己养育成功的表现。其实并不尽然，儿童或青少年的叛逆也有其积极意义，甚至可以说，这恰是父母送给孩子的生命礼物。

## 孩子叛逆，表明母亲在孩子生命的初期提供了足够好的养育

叛逆是孩子独立和生命力成长的需要。但由于“叛逆”一词只是站在成人角度的表达，所以带有负面的色彩。

叛逆的孩子，通常意味着在他的生命初期母亲为他提供了敏感、周到的养育。如果在生命初期婴儿没有得到敏感的、以婴儿的需要为

主导的养育，而是让婴儿按照母亲或外在世界的节奏而生活，婴儿会表现得过早地顺从，会掩藏或放弃真我的发展，创造出一个假我，以适应母亲或者外在世界的节奏。

著名儿童精神分析师温尼科特说：“只有完美的客体才值得破坏。”这句话是针对生命早期而言的，提供足够好养育的母亲，允许孩子的生命力进行自由的表达，因此婴儿才会表达自己的攻击性。

温尼科特还说过：“播种一个小孩，却收获一个炸弹。”这句话是针对青春期的孩子而言的，意思是说，在幼年时你给孩子自由，他们长大以后当然有权继续自由地存在。

攻击满足了一种自我分化的欲望。如果自我是通过被认可而变得真实的，那么自我分化或独立则是通过攻击性的行为得以完成的。

所以，高质量的亲子关系是经得住孩子的攻击和破坏的。只允许爱和顺从存在，不允许攻击和破坏存在的关系，不是真实的关系，也不可能真正的亲密，当然算不上好的关系。许多时候，真实的世界往往和看上去的不一样。只有真实的关系才能滋养人，虚假的、表面的关系只会消耗人的能量。

## 孩子叛逆和攻击的表达，是基于对亲子关系的信任

青春期是个体一生的第二次叛逆期，是个体正常的心理发展阶段，孩子此时心理发展的一个重要任务就是成为自己，完成自我认同。当孩子要成为自己但内心又不确定时，与父母对抗往往是一个好方法。

自我分化和独立，总是意味着不同。所以，你让我干吗，我偏不干吗，这正是叛逆期孩子的内心写照。因为父母是安全的，不会抛弃

自己，所以孩子正是基于对父母的信任才选择与父母对着干。如果孩子的内心深处无法信任父母的爱，他就会因为害怕失去这份爱而不敢叛逆。

叛逆的孩子相信父母有足够的力量经得起自己的破坏和攻击，且不会因此毁灭和倒下。有的父母在孩子违抗自己的意愿时，表现得非常焦虑、愤怒，甚至一病不起，或者通过控制、减少权利来报复孩子。这种情况下，父母没有经得住孩子的攻击和破坏。对于孩子而言，自己的独立或破坏对父母是毁灭性的，这可能导致孩子压抑自己，如果压抑不住，便会以一种更激烈的形式表现出来。

## 孩子叛逆是因为心理上与父母太近

孩子之所以叛逆，其实是因为在心理上与父母太近。他想成为自己，所以必须在形式上拉开大的架势，证明给自己或世界看，以让自己确信。

张华是一名成年男性，因为不断换工作而前来咨询。他对自己的评价是不惧权威，总是标榜自己从来不会对权威屈服，当这样说的时候，他非常自信和满足。他与同事的关系很和谐，但与领导的关系常常处于剑拔弩张的状态。因此，张华骨子里的战斗精神总是使他做出炒老板鱿鱼的举动。他毕业时间并不长，却已经换了几个单位，他为此感到十分困惑，于是前来咨询。咨询一段时间以后，在合适的时机，咨询师问他："你一直说你不在乎权威，也做了很多不怕权威的事情，但我还听到了另一部分矛盾的信息：权威说东，你就往西。你选择的主要依据是权威的说法，只不过是反着做而已，其实根本看不出你自己到底是怎样想的。不知你怎么看？”张华听后，一下子呆住了。

可以看出，张华其实在心理上并不是不在乎权威，恰恰相反，他与权威在心理上太近，以至于为了确认自己，他必须采取这样一种极端的、反认同的方式来做事。对于儿童或青少年而言，这种方式是正常的心理发展过程，但对于成年人而言，显然是不利于其自身成长的。

儿童或青少年出现叛逆是正常的。直到有一天，当他确信自己心理上已经独立，不会被父母所忽视和控制时，就会重新温和起来，甚至表现得很顺从。这时的顺从就像我们面对年迈的父母表现出的从容一样，父母变成了孩子，我们的内心相对强大，所以父母说什么和做什么都行，因为我们确信自己不会被父母所控制。

## 叛逆表明孩子内心有力量去做自己

只有势均力敌的人才值得对抗。如果你明白孩子叛逆是因为他内心有力量去做自己，面对孩子的叛逆，你就会表现得更加宽容和接纳。当你情绪平和下来，往往就可以跟孩子进行和谐的交流。

叛逆是大部分孩子都要经历的过程，这段日子对于父母并不好过，但如果父母能够理解孩子叛逆背后的心理机制，这个时期会更容易度过一些。当然，如果你能深深地懂得和理解孩子的叛逆，能够承受孩子与你的不一样，亲子之间的战争并不会太激烈。

## 患有抑郁症和自杀的个体，通常并不叛逆

患有抑郁症和自杀的个体，多数缺失叛逆的经历，而是表现得过于乖巧和顺从，这是我在心理咨询工作中得到的经验。原因可能有以下几个：一是成长环境不允许孩子成为自己；二是孩子缺少力量成为自己；三是孩子离自己的真我太远，以至于并不知道真实的自己是什么样的。一个缺少真我表达的个体，会缺少自发、随性的生命活力，无法体验生命的真实感。

极具欺骗性的是，这样的个体可能智力发展超群，人际关系很好，但是他内心的状态与表面的优秀并不匹配。这也是一些非常优秀的个体患抑郁症和自杀的原因之一。

## 健康、独立的孩子也可能没有明显的叛逆表现

我们谈到叛逆的积极意义，并非指没有明显叛逆行为的孩子就是不正常的，有的孩子虽然没有明显的叛逆表现，却非常健康、独立。这可能是因为家庭为孩子的独立提供了足够的宽容和支持，孩子没有必要通过叛逆就可以确信自己是有力量的。这类孩子通常表现得比较平稳，因为有空间成长为他自己，所以他通常会在非原则问题上妥协，表现得比较灵活，而不会出现僵化、固执等叛逆表现。

## 父母应该容纳孩子的叛逆，但无须放弃任何原则

允许孩子做自己，给他空间让他选择自己想要的生活，哪怕会失

败，也是他自己走的路，彰显的是他自己的力量。如果父母给他指了路，哪怕再成功，也是父母的成功，而不是孩子的成功。这种情况下，从存在的意义上而言，孩子从来没有活过，也没有真正地存在过，他只是父母精神延伸的工具而已。

不放弃任何原则，是指父母要守住做父母的边界。我曾经读到过一个片段，印象颇深。

> 一名青春期的男孩多次指责父亲。终于有一次，父亲非常平静且严肃地说："你有自己的想法，将来也可能有不一样的人生。我努力工作，虽然没有大富大贵，但还是可以养家的。所以，请你尊重我，我不允许你如此对待我。"儿子听后沉默了。

这位父亲为孩子上了非常有意义的一课。我们提倡父母允许和容纳孩子独立，但父母千万不要走另一个极端，即无视自己的存在，一味地做出让步去满足孩子。其实，孩子的心理发展并不需要父母一味退让。一些孩子不断地攻击，恰恰是在等待一声来自信任权威的叫停，否则他会不断地探寻边界。因此，接纳孩子独立并不代表孩子可以践踏父母的尊严，可以无视父母的生命存在。

所以，父母可以心怀喜悦地接纳孩子的叛逆，同时也要守住自己的底线和边界。

# 05 让孩子学会独立思考

父母经常会遇到这样的状况：孩子在面对问题时难以做出选择，或者无法确定自己想要什么，对自己的情绪缺少觉察和理解等。其原因通常是孩子的独特性无法被成人真正地看见和接纳，因此他们难以通过成人的眼睛来确定自我的存在感，容易过早地放弃自我的发展，进而缺少自发的创造性想法和行为。而这正是缺乏自信的真正原因。

## 孩子画画引发的思考

儿子3岁时的一天，一个人在专注地画画，看起来他好像有些纠结。看到我在看他画，他有点儿不好意思地说："我画的鱼不像。"我问："不像哪儿的鱼？"儿子说："不像老师画的鱼，老师画的鱼不是这样的。"说着，他仍然想试着勾勒出一条鱼的简笔轮廓。

这是一个通过对话展开的心理发现过程，实际上，现实生活中还有许多没有机会展开心理发现过程的例子。比如，孩子前一分钟还吵着要玩旋转木马，下一分钟因为听到别的小朋友说要玩小火车，就立马吵着要玩小火车；前一分钟还喜欢小白兔，后一分钟听到别的小朋友说小白兔不可爱，就立马不喜欢小白兔了……这些情境中，我们看到的只是一种跟从的行为，并没有去挖掘孩子行为背后的心理原因。

这里所指的“跟从”并非妥协的意思，而是一种缺乏独立思考而跟随别人的行为。孩子出现这样的行为，有时是自动化地、没有经过任何思考做出的反应，有时是自己有想法但习惯于跟从别人，因为跟从别人会让他觉得自己更容易被接纳或认同。经常喜欢跟从别人的孩子，通常会认为别人的就是对的，或者总觉得别人的选择更好、更有吸引力。

下面结合孩子画画的案例，来分析一下如何教会孩子独立思考。

第一步：由点切入，引导孩子觉察生活中的差异。

我：“你还记得在海洋馆里看到的鱼吗？”

儿子：“记得。”

我：“你看到的是一样的鱼，还是各种不同的鱼？”

儿子：“各种不同的鱼，还有好大的大白鲨呢！”

我：“你觉得鱼都应该像老师画的那条鱼，还是说那只是老师心目中的一种鱼呢？”

儿子：老师心目中的一种鱼。

第二步：接纳孩子的独特性，化解孩子内心的束缚。

我：“你心目中的鱼有哪些？是什么样呢？”

儿子：……（若有所思）

我：“每个人心目中的鱼都不一样，你尽情地画自己喜欢的鱼就好了，没有好坏和对错之分。妈妈最爱听你画画时编的故事了，都是我从没听过的，我觉得很有趣。我一会儿还想听你画的鱼的故事呢。”

儿子：（很高兴）“好的。”

对话之后，儿子嘴里念念有词，开始挥洒自如地画画了。不一会儿，他就在纸上画满了鱼。我凑过去表示想听故事，他开始给我讲起鱼的故事。

要注意，在这个过程中，成人必须真诚地投入，真正地对孩子感兴趣，尤其是对孩子的内心发生了什么感兴趣。

第三步：引导孩子去想象，但不作任何评判。

我：“你画的是什么故事呢？给我讲讲吧。”

儿子：……（看着画不知从何讲起）

我：“这条鱼在哪里？它在做什么呢？”

儿子：“这条鱼离开了妈妈，去大海里探险，它的妈妈眼睛瞎了。”（那段时间他对盲道很感兴趣，我们常常闭着眼睛轮流当对方的拐杖）

我：“哦，是吗？小鱼在大海里遇到了什么事情呢？”

儿子：“它在大海里交了很多好朋友，好朋友教给它治疗妈妈眼睛的方法。它探险后又回来找妈妈，把妈妈的眼睛治好了。”

我：“好感动啊，这条小鱼真了不起。它在大海里有没有遇到困难呢？”

儿子：“当然有了。不过，它有很多朋友帮助它。”

儿子满意地看着自己的画，偶尔还画一些波浪，加几朵云彩。

通过提问来引导孩子创作故事，看起来只是孩子偶然的发挥，其实那些故事是孩子内心世界的生动展现。孩子通过故事向成人展现他对自己、对他人以及对世界的看法，同时也锻炼了独立思考的能力。

父母可以通过孩子的故事来读懂孩子的内心世界，因为从心理层面上来讲，孩子的故事和游戏基本上相当于他的生活本身。

## 接纳自我是独立思考的前提

接纳自我就是接纳自己的所有体验，人在接纳自己的基础上才可能真正信任自己，这时真正的独立思考和创造性活动才成为可能。接纳自我是把自己作为一个独特的生命个体来看待，这种接纳无关乎好坏优劣，只是对生命状态本身的接纳。只有父母发现孩子的独特性，并真心欣赏这种独特性，孩子才可能接纳自己的不一样。

## 独立思考能让孩子更好地发现自己、认识自己

这里的独立思考是指那种深沉的、扎根自己的生命体验而进行的独立选择和思考过程。一个善于独立思考的孩子，更容易跟随自己的内心，并允许内心的画面自由舒展。在舒展的过程中，孩子发现了自己的存在，并创造了自己的生活。正如伟大的存在主义治疗师欧

文·亚隆关于存在的观点："我们的决定，决定了我们。"如果一个人不能忠于自己的内心和体验去做选择或做决定，在某种意义上，他就没有存在过。对于年幼的孩子而言，如果这种生命体验被父母见证并且得到尊重，该体验就非常有意义，在这个过程中，他不断地创造着自己。

独立思考和选择的能力，是我们当前的教育中缺失的部分。

一次课后，一名学生跟我聊天说："我明知道应该早睡早起，但是不知道为什么，晚上就是不想睡，即使没事可做，也要到凌晨才愿意睡，其实我一直是挺乖的学生。"

我问她："听起来你明知道怎样做才对自己有益，但你还是控制不住地做相反的事情，好像你的潜意识深处有一种不同的声音要表达。"

学生说："不知道，我无法理解自己。"

我问她："你说自己挺乖，周围是否总有人提醒你要早睡？"

学生说："是的，父母总跟我说要早睡，我知道都是为我好，但心里觉得很烦。"

我问她："当你晚睡的时候，是否感觉心里挺痛快的，你觉得自己进行了独立思考并做出了决定，很有存在感？"

学生说："是的。"（若有所思并有所顿悟）

我说："听起来，你选择不早睡只是因为别人建议你早睡，潜意识中你想确立自己的存在感。然而，你是否想过以自己的真实需要为出发点来做出选择，而不是按照他人说的相反方向来做出选择呢？”

此时，这名学生开始发现自己，觉察自己内心深处的动机，潜意识的需要（被压抑的真我要求得到表达，真我通常让位于乖巧顺从的“假我”，以适应童年的生活，但会偷偷地伺机寻求表达）被意识化，相信她通过觉察会做出真正有益于自己的选择。

这是真正独立思考的开始。发现自我无所谓早晚，都是刚刚好。

　　儿童要获得健康的心理发展，需要通过“坏”妈妈来打破幻想，让幼儿接触现实，看到他人的需要。

CHAPTER 6

# 不要剥夺孩子体验挫折的权利

# 01 哄孩子笑，不如允许孩子哭

父母总是渴望给孩子一个幸福的童年，希望每天看到孩子灿烂的笑脸，自己也可以享受做父母的幸福、快乐。然而，幸福的童年绝不意味着只有笑脸、拒绝哭泣。

相对于笑，哭可能更接近于我们的本质。哭是我们来到世间的第一声报到，是婴儿与成人沟通的唯一方式，它几乎是婴儿的全部语言。随着孩子的不断成长，你怎样看待孩子的哭呢？你允许孩子哭吗？你能够像爱笑着的孩子一样爱哭着的孩子吗？

如果你只爱笑着的孩子，注定无法让孩子真正地幸福，因为他可能有一颗抗挫力较低的“玻璃心”。

## 剥夺孩子哭泣的权利，是在满足自己“好妈妈”的体验

哭可以缓解情绪压力。在哭泣的过程中，婴幼儿逐渐接受“自己是有限”的现实，并学会慢慢地从中恢复，逐渐变得强大起来。然而，当孩子因为悲伤、沮丧、生气等哭泣时，母亲真的允许孩子哭泣吗？

4岁的童童想搭一个像自己一样高的塔，但积木总是倒塌。终于，童童生气地大哭起来："我搭不了那么高。"妈妈看到童童哭泣，心疼极了，赶紧过来安抚童童："宝宝不哭，这些积木不好，妈妈再给你买可以搭得很高的积木。要不，妈妈帮你搭怎么样？"

童童反而更生气了："不要，我不要！"

妈妈："宝宝不哭了，我们吃点儿好吃的怎么样？"

童童："不吃，我就要搭很高很高的塔！"

妈妈："要不咱们看动画片吧？你不是最爱看动画片吗？"

童童听说要看动画片，停止哭泣，露出了笑脸。放松的妈妈禁不住抱着童童亲了一下。看到孩子的笑脸，妈妈不再纠结难受，心情也变得阳光起来。

乍一看，我们可能会感动于母亲对孩子的爱，因为母亲用自己的力量想方设法把孩子带离痛苦，让孩子重获笑颜。是的，看到孩子明媚阳光的脸庞，难道不是母亲最欣慰的吗？然而，仔细体会这个过程，你就会发现，母亲对于孩子表现得很焦虑，并没有真正地接纳孩子的情绪。

童童的内心可能经历了这样一个过程：我是全能的，我想做什么都可以做成。但我现在搭不成想要的高塔，这怎么可能，难道魔法失效了？我不是全能的，我生气又难过，这好可怕……妈妈来了，她看起来很紧张，看来这件事真的很可怕，她和我都无法面对。她好像不愿意看见我哭，哭是不好的，这会令她不安和难受。看，她在努力地哄我开心。我希望她看到我的悲伤，她却看不到。什么？看动画片？这个想法不错。我一笑，妈妈就不焦虑了，她还抱着我亲了一下，她喜欢我高兴的样子。

而母亲的内心可能经历了这样的过程：宝宝因为搭不好积木而生气、哭泣，我好难受，我见不得宝宝掉眼泪。宝宝好可怜，这么小就要承受这种无助，我真恨不得自己替宝宝承受，我是个爱她的好妈妈，我要让她开心、幸福、阳光，我要把她带离痛苦。看，她笑了，我心里也踏实、舒服了，禁不住亲一下宝宝来表达我此时的心情。

从这个很难觉察的心理过程中可以看出，母亲自始至终并未看到孩子内心的需求，她只关注自己的需求。妈妈自己感到很焦虑，她想通过控制孩子的表现和感受来把自己的感受调节到舒服的状态：我是一个好妈妈，牺牲自己给孩子开心和幸福。只可惜，这终究是个美丽的幻想。

## 拒绝面对孩子的沮丧，就是剥夺孩子成长的机会

获得全能感的婴儿是健康的、适应性强的，然而，随着他们认知能力的提高和活动范围的扩大，现实生活一定会提供给他们打破全能感的机会。

就像童童搭不了想要的高塔，这正是让她体验挫折的机会。在这个过程中，孩子逐渐接受自己并非全能的现实，并锻炼了强健的内心和抗挫力。可以说，孩子从挫折中恢复的能力就是这样被锻炼起来的。

强健的内心是指建立在“自我是有限的”基础上的自信，而不是

在父母的帮助下继续维持全能幻想的自信。虚假的自信就像一颗定时炸弹，会在这个谎言难以为继时引爆。

悲伤、哭泣是面对挫折的开始，接受自己是有限的过程，同时也是“哀悼”自己失去全能感的过程。“哀悼”通常比维持表面上的欢笑更能带给人们实在的力量感。而很多母亲见不得孩子难过，在焦虑的驱使下，她们剥夺了孩子从挫折中恢复的宝贵经历。

一些很少经历挫折、学业非常优秀的大学生，尤其是名校的大学生，随着与社会接触面的扩大，当他们遇到无法继续维持全能幻想的事件，如交友、恋爱、工作、融入新的环境等，看起来阳光、优秀的一个人，像是忽然陷入精神疾患状态，着实令人费解。事实上，这个炸弹在早年间就已经埋下，只不过现在引爆了而已。

在自然的日常生活中，幼儿通过大量适度的挫折，同时伴随来自成人爱的支持和联结，逐渐增强了抗挫能力。“允许孩子哭”，是指孩子在遭受挫败而哭泣时，能够感受到来自父母的爱和支持，而不是说这时父母要表现出冷淡的态度或拒绝帮助孩子，选择让孩子“哭够就不哭了”。

## 02 提高孩子的挫折商，让孩子受挫不受伤

在上文中提到，孩子受挫时哭泣，是遇到挫折时自然的情绪反应，是孩子必经的成长历程。本小节接着来剖析“父母见不得孩子哭”背后的心理过程。

### “不允许孩子哭”，可能导致孩子夸大或压抑负面情绪

如果母亲总是见不得孩子哭，久而久之，就会形成一种稳定的亲子互动模式，慢慢塑造着孩子的性格。

孩子被限制哭泣之后，便获得以下信息：我笑，母亲就满意并感觉良好，我开心是好的，可以获得母亲的爱，避免母亲出现焦虑；我哭泣和悲伤，母亲就不安，她为了不让我难过，会给我更多关注，我通过哭可以实现自己想要的。

哭和笑本来是孩子情感的自然流露和表达，此时却沦为避免母亲焦虑和获得爱的工具。这种亲子互动方式，可能导致孩子形成两种极端的人格特点。

一是孩子通过虚假开心来缓解母亲的焦虑，并获得母亲的爱。这样做的结果导致他缺少触碰自己负面情绪的机会，成年后会对

自己的负面情绪感到害怕和焦虑，从而想办法排斥。无法与自己的负面情绪共处，也就无法真正地自信起来。他的信念是：我只有让别人高兴，别人才会接纳和认可我。比如，一名儿童一边抹着眼泪一边说："不哭，不哭，我是好宝宝。"他通过呈现开心来获得爱和接纳，内心却感到压抑和疲累。

二是孩子通过过度的哭泣或夸大痛苦来控制母亲。这样做的结果导致负面情绪成为他控制别人或者实现自己目标的工具。他的信念是：当我呈现负面情绪时，他人就应该满足我的需要。比如，一名幼儿非常愤怒地对母亲说："我都哭成这样了，你还不来管我。"他通过夸大痛苦来获得爱和关注。

父母用什么样的方式传递爱，孩子就用什么样的方式获得爱。如果父母只爱笑对生活的孩子，那么孩子遇到痛苦和困难就不会表现出来，因为这样能获得肯定和爱。于是，孩子学会了用笑来获得爱。不过，他脸上的笑颜只是基于恐惧形成的一种习惯，通常难以感染人，因为他内心的感受与这笑脸无关。

孩子一旦不开心，很多父母就认为是自己做得不好。害怕做"坏父母"的成人，容易无原则地让渡权利，过度放纵孩子，结果孩子学会了用情绪去操控父母。他眼睛里的泪水会给人一种表演的感觉，难以打动人，因为他内心的感受通常与这泪水无关。

## 父母急切地让孩子高兴，是为了逃避自己内心的痛苦

父母想让孩子开心，这本是一件很自然的事情。然而，当孩子正处在生气、恐惧或伤心等负面情绪中时，父母执着、努力、急切地想

让孩子尽快走出负面情绪，常常是由于孩子的负面情绪诱发了父母内心的虚弱或痛苦，父母却无力摆脱或不愿面对。因此，父母就通过哄孩子开心，来避免面对自己内心的痛苦。

一位母亲是女强人，她呈现在外的永远是要强能干的一面。然而，当看到女儿哭泣或难过时，她会一下子变得不可控制的焦虑和无助，总是想摆平孩子遇到的困难，把孩子从痛苦中拯救出来。如果孩子仍然难过，母亲会焦虑地督促孩子赶快开心起来：“我的孩子是阳光坚强的，这点小事是难不倒她的！”孩子难过，母亲焦虑不安，好像生活一下子陷入黑暗一般。

懂事的女儿为了让妈妈安心、高兴，学会了用笑面对生活的一切，一旦有负面情绪，就会用各种方式赶走它。久而久之，女儿也以为自己的生活充满阳光和微笑。直到有一天，她成年了，许多问题需要她独自面对时，她才发现自己无法赶走负面情绪，她陷入了恐慌：“我不是这样的，我要赶紧走出来，妈妈看见我这样会失望难过的，我这样会让整个家庭陷入低谷，我是阳光的。”然而，由于她缺乏处理负面情绪的经验，最终在搏斗中输给了负面情绪，陷入了焦虑和抑郁之中。

女儿之所以表现得很阳光，是为了让妈妈避免面对自己内心的空虚和痛苦。但因为她缺少挫折体验，所以成年后抵御挫折的能力自然很弱。

## 孩子身上父母不愿看到的部分，正是自己恐惧的部分

一般而言，越是爱生气的父母，越不允许孩子生气；越是胆小的父母，越要求孩子勇敢；越是自私的父母，越要求孩子对自己无私付出；越是内心脆弱的父母，越不允许孩子表现出脆弱……反过来，越是接纳真实的自己、自信平和的父母，越能够容纳孩子的挫折和脆弱。

因此，孩子的表现如果让父母觉得特别不舒服或纠结，那是孩子提供给你的一个极好的面对自己的伤痛、修复创伤、获得成长的机会，父母千万不要枉费了孩子的这份美意。如果你固执地拒绝向自己的心灵寻求和解，一旦错过，亲子关系的纠缠痛苦不仅会继续，还可能不断升级。

## 允许孩子体验挫折，他的内心才可能真正强健

“允许”是给孩子空间去表达和体验挫折带来的愤怒和悲伤，“允许”是给孩子提供足够的时间让他恢复情绪；“允许”是一种包容，也是给予孩子情感上的自由。

在上文童童搭积木的案例中，如果妈妈允许童童体验挫折感，内心就有更多的空间来容纳她所遭受的挫折。在童童搭积木遭遇挫折而生气哭泣时，亲子之间的互动可以参考以下方式进行。

妈妈：“你是因为搭不好自己想要的高塔而生气，是吗？”（理解孩子的感受）

童童：“是的，我想搭高塔，搭不好。”（被理解后，通过语言来表达）

妈妈："妈妈懂，如果哭能让你感觉舒服一些，你可以趴在妈妈肩上哭一会儿。"（表现出温柔、平和、接纳的态度）

童童："哇哇哇……"（孩子被理解和接纳时，通常会哭得更厉害，因为在信任的人面前才感觉安全，才有力量面对自己的脆弱）

妈妈这时要陪伴孩子度过这个挫败的时刻，跟孩子共同经历失去全能感的痛苦。但要注意，妈妈的情绪不能是悲戚可怜的，而应该是接纳、自然、平和的。在理解和接纳孩子感受的基础上，再与孩子进行沟通，引导孩子更好地面对挫折，寻找解决问题的方法，这样才更有效。

有了一次次从挫折感中恢复过来的经验，孩子会懂得：挫折是自然的，即使自己不是全能的，也仍然是值得被爱的。这种伴随着爱和接纳的挫折恢复经验，使孩子在将来遇到更大的挫折时，能够更坦然、更积极地去面对。

当然，这里的挫折是指适度的挫折，是孩子可以承受并借此可以成长的挫折。而过大的挫折，比如孩子被忽视、寄养、虐待或遭受暴力等，对于幼儿而言就成了创伤事件。

## 自己学会与负面情绪相处，才可能帮助孩子打造阳光的心灵

当孩子哭泣时，父母可以先问问自己：孩子的哭使我产生了哪些情绪？我允许自己有这些情绪吗？此时我对自己的感觉怎么

样？我期待自己是什么样的？我允许并接纳自己是不完美的吗？当父母首先去面对自己的情绪，学习与负面情绪相处时，才更可能知道怎样面对孩子的哭泣。

拥有阳光的心灵不是指心灵容不得黑暗，这样只会让心灵的主人因为焦虑和担心，随时准备驱赶黑暗而无法享受阳光。真正阳光的心灵是能够容纳黑暗，并能够与黑暗共处的。这样，心灵的主人才能够安然地让光明照进来，尽情地享受阳光。

## 03 无法受挫的不是孩子，而是父母的“内在小孩”

经常被身边的朋友问一个问题：孩子承受挫折的能力很低，该怎样让孩子学会承受挫折呢？

父母常用的方法大致有以下几种：给孩子讲道理；训斥和挖苦孩子；拿别人的孩子激励自己的孩子；心疼地帮助和警告孩子；给予或撤回爱、物质奖惩等。有的循循善诱，有的简单粗暴，真可谓软硬兼施、恩威并重，但是效果并不明显。

心理挫折，是指人们在某种动机的推动下，想达到某种目标却受到了阻碍，因为没有办法克服阻碍而产生的紧张状态或其他情绪反应。挫折感是一种内在的情绪状态，如果仅仅从外部着手，试图通过纠正孩子的行为来提升其抗挫折的能力，几乎不可能。

事实上，父母忍受不了的挫折，往往通过孩子表现出来。现实很残酷，所以父母常常不愿意进行自我反思。因为相对于探索自己，父母纠正孩子往往更容易。

### 父母忍受不了的挫折，往往通过孩子来呈现

一天，从幼儿园回家的路上，儿子兴奋地说：“我们建

了一个‘闪电大队’，我是副队长，A是大队长，B和C是两员大将，还需要一些兵，回头我们再加入一些兵。”我瞬间忽略了儿子兴奋的情绪，第一反应间竟然是：“你是副队长？为什么不是大队长呢？”儿子扬扬自得地说：“是我自己选择当副队长的，我就是要当第二厉害的。”我确认他知道副队长的意思，但还不甘心，又问：“建立‘闪电大队’的事是谁提议的？”儿子说：“我呀！”听到这里，我心中好像感觉欣慰一些。

忽然，我对自己的反应感到很好笑：不就是小朋友之间玩游戏吗？至于这么认真吗？此刻，我觉察到自己内在的那个小孩的执着需要：要获得第一名，要通过成功获得存在感和价值感。童年的记忆中，我真正对自己开始有认识，是缘于小学三年级的一次数学比赛，我无意中考了学区第二名，要去县里参加比赛。这件事就像夜空里的一道闪电，划亮了我混沌的自我意识。当时我有一种很不真实的感觉：“我原来这么厉害！”老师和校长一下子都知道了我，我顿时觉得自己像个大人物一样。从此，我的学业成绩开始上升。

当面对儿子时，我潜意识深处那个“内在小孩”瞬间就跑出来了。我本以为那个考完试就关心排名的小女孩早已不存在了，在意识层面上也认为自己根本不在乎排名，也不希望儿子将来为第一名所累。然而，在我跟儿子聊天时，那个“内在小孩”又出现了，是我想要第一名，我觉得当副队长就是受到了挫折。而儿子丝毫没有这个概念。当我觉察到这一点后，就从挫折和焦虑的感觉里走出来，跟儿子继续聊时，感觉非常轻松和愉快。

然而，如果我没有觉察到自己潜意识里的挫折感，就很可能通过自己的方式隐秘地给孩子施加压力，由此传递给孩子的信息可能是：你要当第一名，因为第一名才是有价值的，才是值得被爱的。儿子接收到这个信息后，就可能被激发出挫折感，并且在以后拿不到第一名时呈现出来，或者表现得过分担心和恐惧失败，如此发展下去，他的抗挫折能力必然会不断降低。

## 挫折感是孩子从全能感到现实感的过渡

儿童在3岁以前，成人细心、敏感的养育可以让其获得一种健康的全能感。这种全能感是自信的核心，如果幼年时的全能感未发展充分，成年后往往会幻想自己具有全能感。因此，全能感最初必须通过控制父母获得充分的发展，以建立起自信的核心。随着幼儿能力的不断发展，又需要逐渐打破这种全能感，以获得真实的自信。

在儿童3～7岁时，随着认知能力的提高，他逐渐发现自己并非全能，甚至连积木都搭不好，这种受挫的感觉肯定不舒服。想一想神仙的法宝失去法力的感觉该有多沮丧，就可以理解孩子正在经历的感受了。他们有时会表现得非常脆弱，比如哭泣、发脾气、扔东西、攻击别人等。这个时刻虽然痛苦，却非常重要，因为他正在体验真实的挫折感，正在接触真实的世界，以逐渐提升自己的现实感。如果你稍加留意就会发现，这个年龄的很多男孩很喜欢奥特曼，很多女孩很喜欢巴啦啦小魔仙，这正是因为孩子在用各种方式尝试着创造一个过渡空间，让自己慢慢学习接触现实世界。

如果孩子的反应唤醒了父母受挫的“内在小孩”，而父母又不自知时，就可能在痛苦、心疼甚至愤怒的驱使下，快速地介入孩子的活动，通过控制孩子的行为来缓解自己的紧张情绪，从而斩断孩子从挫折中恢复的机会。

## 预期警告是对受挫感的反向强化

一次课后，一名女生说，她特别爱哭，动不动就容易掉眼泪，感觉特别不好，她希望能够控制自己的眼泪。我问她："你身边是否总有人叮嘱你不要哭？"她疑惑地看着我问："老师，您怎么知道？确实是这样的，重要的场合或事件之前，爸爸总是会警告我'不许哭，哭是懦弱的表现'。这么多年了，我特别想改，但就是改不了。"

预期警告反映了父母的预期焦虑，通常孩子不会因为父母的警告而做出父母期待中的事情，反而会导致孩子无中生有，刺激孩子产生被禁止的行为和感受。

幼儿之间出现冲突后，他们很快就忘了。但成人忘不了，成人会把这种冲突解读为人际挫折而传递给孩子。传递的方式通常有两种：一种是直接地表达，有的成人之间会因为孩子而大打出手，当大人正闹得不可开交时，孩子又开始在一起玩了；另外一种是以相反的方式表达，比如告诫孩子不许记仇等，其实此时孩子已经忘掉了刚才的不愉快，只是成人一直放不下罢了。

这就如同小和尚跟老和尚的故事一样：

小和尚和老和尚一起下山，路上遇见一名女子过不了河，老和尚把女子背过了河，然后继续前行。过了一段时间，小和尚终于忍不住问老和尚："不是说男女授受不亲吗？出家人要戒色，您刚才为什么要背那名女子过河？"老和尚说："我背过河后就把那名女子放下了，可你到现在还背着呢。"

如果说孩子是老和尚，父母通常就是小和尚。有人说"孩子是父母的老师"，并非是指孩子能够教给父母什么，而是指孩子能够帮助父母学习认识自己。所以，让我们用一生去学习做孩子吧！

# 04 “坏”妈妈是孩子心理成长的动力

“妈妈，我要这个小手枪。”

“宝宝，家里已经有好多小手枪了，别买了好吗？”

“我就要，我就要，你是坏妈妈！”孩子一边哭，一边用语言攻击妈妈。

几个回合之后，妈妈最终败下阵来：“宝宝不哭了，妈妈给你买。”

孩子好像特别知道妈妈的软肋在哪里，一句“坏妈妈”就可以迫使妈妈就范，答应自己很多无理的要求。

## 孩子说的“坏”妈妈，通常是太好的妈妈

一般而言，孩子说妈妈“坏”，攻击的并不是真正的坏妈妈。那些对孩子从小就疏离、控制，需要孩子绝对服从的妈妈，实际上很少有机会听到孩子这样攻击自己。正如儿童精神分析师温尼科特所说的：“只有完美的客体才值得攻击。”我的理解是，只有曾经给予

婴儿完美、敏感照顾的好妈妈才值得攻击，坏妈妈不值得攻击，因为坏妈妈不曾赋予婴儿力量。

好妈妈担心自己的“坏”会对孩子造成心理伤害，容易一再让渡权利，结果却换来孩子的变本加厉，更加难以安抚。这种妈妈在养育孩子时可谓鞠躬尽瘁、全身心投入，对孩子的要求会尽力满足。她热爱学习，不断反思，知道要尊重孩子，要和孩子做朋友，遇事要与孩子商量，也很少违背孩子的意愿去做事，但她的情绪底色通常是焦虑的。

太好的妈妈，心中只想着尊重孩子，却忘了尊重自己。这种状态对小婴儿是必要的。妈妈眼中只有婴儿，她忘我地投入到养育婴儿的幸福中，这是婴儿形成健康人格的基础。然而，随着孩子年龄的增长，妈妈还想回到母婴融合的状态中，完全地满足孩子的需要，不但是不可能的，也是有害的。这种想做“绝对好”妈妈的理想，通常会投射给孩子，形成亲子之间隐秘的心理过程。

## 妈妈对“坏”的拒绝，是对父母角色的背离

传统的父母角色中，父为子纲，强调父亲的权威；母慈子孝，强调母亲的慈爱。从这里我们可以看出，养育即是教化的过程，儿童的心理需要并没有被“看见”。

随着儿童心理学以及现代育儿观念逐渐为妈妈们所知晓，尤其是独生子女政策的实施，改变了儿童在家庭中的地位。作为对过去养育方式的矫正，当今的父母更加强调爱和自由、尊重和接纳儿童等理念。于是，孩子成为整个家庭的中心。

爱和自由、尊重和接纳儿童，这些理念本来都是极好的，然而，从理念到实践不只是从脑到手的距离，最重要的是将这些理念跟自己的经验相结合，在此基础上创造出适合自己孩子的育儿方法。否则，育儿过程就容易变得僵化和疲累，父母在管教孩子的过程中就可能失去原则，从而背离自己做父母的角色和权威。

## 父母从权威变成了讨价还价者，错把尊重当顺从

爱孩子并不等于满足他所有的要求，给孩子自由也并非对孩子放任自流，接纳和尊重孩子更并不代表事事都听孩子的。

爱孩子是指爱他的生命本身，而不是只爱他给你带来的光环和荣耀，以及他符合你心中“理想小孩”的样子。

给孩子自由是指给孩子自由的空间让孩子成长为他自己。孩子就像一棵小树苗，父母要做的是提供给他阳光和水分，等待孩子成长为他自己的样子。在这个过程中，父母要根据情况做些适当的修剪，以帮助孩子成为更好的自己。真正的自由总是要受到必要的限制，而不是让孩子随心所欲，否则自由就成了空谈。

如果父母无限制地满足孩子，孩子容易变得以自我为中心，只爱自己，不懂得爱他人。这时，父母也从权威变成了讨价还价者，没有权威，缺少力量，就无法有效地对孩子实施管教。

事实上，从幼儿心理发展的需要而言，父母的权威能够让孩子感到信赖和安全。如果父母没有权威，孩子的内心是焦虑的，就像我们跟着一个没有权威、没有核心理念、摇摆不定的领导一样。如果父母缺少力量，孩子可能需要强迫性地让自己获得虚幻的力量，或者变得

和父母一样无力。

父母是孩子的外在自我，在帮助孩子学习管理自己的过程中，如果父母缺少权威的示范和引领，孩子就难以约束和管理自己的行为。当然，此处的权威不是说父母要做冷酷的发号施令者，而是要做自信、有爱、温柔而坚定的父母。让孩子在与父母有情感联结的基础上，学习管理自己的行为，这样才更加有效。

## 妈妈的“坏”，是孩子心理成长的动力

儿童要获得健康的心理发展，需要通过“坏”妈妈来打破幻想，让他接触现实，看到他人的需要。

就像儿童成长过程中需要适度的挫折一样，儿童也需要妈妈适度的“坏”。随着孩子的成长，妈妈从全情投入的原始母爱状态，逐渐变得对除孩子以外的世界感兴趣。这时，她对孩子的回应和照顾自然不再那么及时和周到，有时会忽略甚至拒绝孩子的需求。这些对于孩子而言，就变成了“坏”妈妈的一部分。许多“好”妈妈害怕接受这一部分，会通过尽力满足、顺从、哄骗等方式暂时满足孩子的需求，以逃避体验“坏”妈妈的感觉。这实际上阻碍了孩子去打破全能幻想，导致孩子无法看到他人的需要，也无法接纳他人与自己的不同，从而阻碍了孩子心理的正常发展。

自然的生活本身，会提供恰当的“坏”妈妈经验，但妈妈如果过度执着于做孩子眼中“绝对好”的妈妈，就会阻碍孩子接触现实。从这个意义上讲，古训“慈母多败儿”不无道理，它或许可以给太好的妈妈带来一些启示。

## 儿童需要整合“好妈妈”和“坏妈妈”的经验

母亲是婴儿认识世界的第一步，从这个意义上讲，母亲不仅把世界带给孩子，同时也是世界的代言人。世界是黑白并存的，妈妈是世界的一部分，也是好坏并存的。如果妈妈拒绝接受自己身上“坏”的部分，就等于拒绝让孩子看到世界“坏”的一面。

婴儿认识世界时采用的是分裂的心理机制，能够满足自己的就是“好妈妈”，不能满足自己的就是“坏妈妈”。因此，在婴儿眼中，“好妈妈”和“坏妈妈”不是一个人。随着婴儿认知能力的提高和千万次经验的积累，他逐渐看到“好妈妈”和“坏妈妈”是一个人，此时整合体验就开始了，而适宜的“坏妈妈”恰恰给孩子提供了这样一个机会。如果妈妈能够容忍自己的“坏”，在孩子攻击自己的过程中，能够存活下来（即仍然爱自己也爱孩子，并没有因此而崩溃，或产生对婴儿而言毁灭性的体验，如生气、愤怒、伤心、拒绝孩子、觉得自己失败等），就是一次把整合机会转变成整合经验的过程。

儿童精神分析中提到的“足够好”的妈妈，即是从以上意义上来讲的。然而，“足够好”被强调了很多，并存的“适宜坏”则并没有被强调和澄清。实际上，为了区分“绝对好的妈妈”和“完美妈妈”，国内精神分析师曾把“足够好的妈妈”译为“及格妈妈”或“60 分妈妈”，这样理解起来就相对容易。

“适当坏”的妈妈有助于孩子整合好和坏的经验，让孩子知道，生气的妈妈、开心的妈妈、愤怒的妈妈，都是爱他的妈妈；生气的宝宝、开心的宝宝、哭泣的宝宝都是妈妈爱的宝宝。宝宝自我成长的过程，其实就是一个不断整合好与坏，促使内在和谐的过程。

## 妈妈要坦然接受自己的“坏”

父母如果事事太小心，养育孩子就无从谈起。因此，如果父母是有爱的、放松的，并且能够接纳自己在孩子眼中是“坏父母”，就会比有知识、对自己要求很高、因焦虑而无法享受生活的父母更能对孩子产生有益的影响。

一次，我带儿子逛商场。儿子看到各种玩具后，一会儿要买这个，一会儿要买那个。我刚开始直接拒绝了他，他对我发脾气，我并不理会他，接着他就开始酝酿，准备要哭。

我问他：“你想要这些玩具，是吗？你恨不得把这些好玩的玩具都买回家，对吧？”儿子点点头，感到自己被理解和接纳了。

我说：“你的心情妈妈理解。你知道吗？我和你一样，恨不得把商场里所有漂亮的衣服都买回家，我想穿哪件就穿哪件，如果那样就太好了！”儿子看着我，咯咯地笑起来。

我接着说：“但是妈妈没有那么多钱可以把所有的衣服都买回家，而且真是那样的话，我光打理这些衣服就会累死的。那些玩具也一样，可以等你长大工作之后有了钱再买。”

儿子说：“妈妈，那你就给我买一个吧，或者回家在网上买。”

问题就这样解决了。当然，这种情况下，有的孩子也可能会继续哭闹，没有关系，允许孩子哭就好，他有权利表达自己的情绪，成人只需要温柔而坚持地接纳他的情绪，但要限制他不合理的行为。

孩子有欲望是正常的，欲望是需要得到尊重的，欲望是生命力的表现。但是，父母应不应该满足孩子，则要根据实际情况而定，这两者一定要区分开来。否则，父母可能因为无法接受自己不能满足孩子的感受，而不由自主地否定孩子的欲望，孩子可能对自己的欲望感到内疚或羞愧，长大后不能自由地表达自己的感受，这常常成为心理困扰的原因所在。

> 一个小女孩看到别的小朋友吃冰激凌，也向妈妈提出吃冰激凌的要求。妈妈说："冰激凌不健康，你是好孩子，你不爱吃冰激凌。"小女孩一边咽着口水，一边喃喃地说："我不爱吃冰激凌。"妈妈看到后问："你还想吃吗？"小女孩态度坚定地说："我不爱吃！"

这位妈妈通过否定孩子的感受而免于做不满足孩子的"坏妈妈"。她把平静留给自己，把冲突留给孩子，孩子自我的斗争模式就开启了："我知道想吃冰激凌不是好孩子，但我为什么还想吃呢？我不应该这样想。"这时，吃不吃已经不重要了，能不能"想吃"才是最重要的，这正是许多成人心理困扰的模板。

# 05 允许孩子脆弱，孩子才有力量强大

不管自己是否意识到，父母内心都会有一个或模糊或清晰地把“孩子培养成一个什么样的人”的想象，并按着这个画面的指引，用自己的方法来实现养育目标。

## “没关系”，是不接纳孩子感受的常用托词

强强的妈妈是一个很能干的女人，在工作上是个女强人，在家里对孩子的照顾也细致周到。强强上了幼儿园后，妈妈发现孩子变得胆小、敏感、退缩，于是有些焦虑，希望强强能够大胆、坚强，不要太在意别人的眼光。

一天，从幼儿园回家的路上，强强委屈地对妈妈说：“班里的一个小朋友说不喜欢我，他以后再也不和我做朋友了。”妈妈还没听完，就急切地劝慰道：“无所谓了，你不还有别的好朋友吗？再说，你别在意不就得了。”强强听完默默地低下了头。

强强班里有个小朋友健健很爱打人，强强对妈妈说：

“妈妈，健健今天踢我的腿了。”妈妈头也不抬地说：“没事的，都是同学，小朋友之间打打闹闹很正常，你不用太在意。”强强再次沉默了。

在强强表达自己的感受时，妈妈不由自主地要抓住每一个机会告诉强强：你这样的感受不对，应该用“不要太在意，无所谓”的态度去感受。然而，强强的感受是什么呢？强强的沉默说明了一切。沉默显然是生存的智慧和聪明的应对之道。然而，长期下来，就变成了孩子人格的一部分。慢慢地，强强越来越少和妈妈说自己的事情了，人变得敏感而易怒，有时，别人的一句话、一个眼神都会激惹到他。

上了小学的强强身体更强壮了，他好像感受到了自己的力量，慢慢变成了一个动不动就出手打人的孩子。妈妈因此深受困扰，孩子怎么变得爱打人了呢？其实，易怒、爱打人的强强，和原来的他在心理层面上并无不同，只是外在表现看起来不一样了，但不变的是那颗玻璃心。

## 分裂感，孩子的自我体验被损害时的产物

孩子在表达自己，尝试和妈妈沟通的时候，非但没有得到理解和接纳，反而得到了一个信息：你不可以这样想，不可以有这样的感受，这样的感受是不对的。孩子无法信任自己的感受，觉得自己受伤和脆弱是令人羞耻的，不被接纳的。因此，孩子一遇到类似的情境，就可能体验到不被接纳的不舒服感，然后自然地想要摆脱这种感觉。

孩子可能会把受伤的感觉藏起来，假装它们不存在。当孩子隐藏这些感受时，他同时也隐藏了真实的自己，因为他没有面对自己的内

心，所以难以了解自己。孩子也可能通过向外攻击、指责和迁怒于别人，使自己体验到虚幻的强大感，以此摆脱脆弱和因为脆弱而带来的羞耻感。

不管是隐藏感受，还是使用武力，孩子都是在与自己对抗，他体验到的是内在分裂的感觉，这注定是一场失败的斗争。

## 否定孩子的感受，是父母在表达自己的脆弱

显然，强强的妈妈听到孩子的表达后，压根儿就没有试着了解强强的内心感受。她的内心或许有这样一个不接纳的声音：“别人拒绝你，你就难过、委屈可不成，如果这样的话，将来岂不天天要难受？妈妈希望你是一个坚强的孩子，是个内心强大的人，不必在乎别人怎么看。”

妈妈第一时间体验到了被拒绝的脆弱，并把这种感觉当作孩子的真实体验。妈妈想当然地认为如果不触碰、不理会这种感受，它就不存在了。同时，通过自己“正确”语言的指导，就可以让孩子的感受得以改变。

这实在是一个误解。我们只需想象一下，自己听到妈妈这种劝导后会是什么感觉，可能就知道这么做是多么糟了。

## 聆听孩子的感受，提供情绪恢复的空间

事实上，当我们劝孩子“不要在意，无所谓”时，恰恰暴露了我们的内心，表明我们很受伤，很在意这件事，并通过劝慰孩子，想让

他们避免体验到这种不舒服的感觉。在这个过程中，我们神不知鬼不觉地把负面感受转嫁到了孩子身上。

强强听起来或许有受伤的感觉，但这种感觉也许和妈妈的感受并非完全一样。妈妈此时要做的是放下自己的主观评判，用心去聆听此刻孩子的感受，或者通过身体语言等，让孩子知道妈妈在乎他的感受，而且是和他站在一起的。要让孩子明白，妈妈手中没有尺子来度量你，也没有急于把你从难过中拉出来，有的只是爱和接纳。

妈妈自己足够有力量，才可能承受受伤的感觉，就不会陷在自己的焦虑中，从而有更多的心理能量聆听孩子的需要。

## 允许孩子自由地体验痛苦，孩子才能重获力量

如果妈妈善于反思和觉察自己的感受，就可能及时地停止焦虑驱使下的无意识行为，重新分配心理资源，聆听孩子的心声。

一次，儿子被其他小朋友拒绝，很不高兴地来到我身边，眼睛眨巴着想要流眼泪。看到儿子这样，我内心深处泛起一种受伤的感觉。这是妈妈们最容易分不清自己的感受和孩子的感受的时候。我有一种想用诸如“没关系，妈妈陪你一起玩”等苍白无力的语言来安慰他的冲动，但我知道，其实那是我劝慰自己的声音。这种不舒服的感觉及时提醒并叫停了我。我用手抚摸了一下儿子的头，把手放在他的肩膀上，让他知道我听到了，也懂他的感受。他把脑袋斜靠在我的身上，就这样我们母子没有任何语言，安静地待着。过了一会儿，儿子忽然说：“妈妈，我要去旗杆那边玩。”

看到儿子脸上重新泛起活力和快乐，我知道他已经从痛苦中走出

来了。孩子需要空间去消化和处理受伤的感觉，成人提供空间允许他自由地体验痛苦，痛苦就会消失，孩子也从中获得了新的力量，这就是走向坚强的路径。

许多成年人很困惑，以前父辈养那么多孩子，无法体贴入微，孩子们也都健康地长大了，可现在养一个孩子怎么这么难？其实，以前因为孩子多父母照顾得不细致，反倒从客观上满足了孩子从痛苦中恢复的成长需要。而今，孩子像是在探照灯下生活一样，成人的眼睛紧紧地盯着孩子，时刻准备对孩子进行干预、教育和帮助，孩子被挤压得失去了自我成长的空间。

## 通过体验脆弱，造就有力量的心灵

痛苦和脆弱从来不可能被驱赶走，也不可能通过压制而消失。只有通过不带评价地体验过程，脆弱的感觉才可能真正消失。

前面案例中的强强本来有些难过，如果孩子能够自然地体验，这种难过很快会消失。然而，因为妈妈的劝慰，强强在原来的难受基础上又增加了“我不应该产生这样的感受”的评价，这种评价使强强想要拒绝体验难过，但如果没有被体验，它是不会真正消失的。你越是拒绝它，它就越强烈地让你体验到。接下来再纠缠强强的，已不是难过本身，而是“我为什么难过，我不应该难过，我要想办法摆脱这种可怕的感觉”，难过和脆弱从一个自然的感受升级为一个可怕的感受，这会牵扯一个人很多的精力去与之对抗。

在摆脱脆弱的过程中，脆弱就会越聚越多。而开放地体验脆弱，脆弱就会变成力量的源泉，因为只有允许自己脆弱，才有力量强大。

# 06 允许孩子经历必要的生长之痛

如果问父母们一个问题，你对孩子最大的心愿是什么，相信绝大多数父母的答案都会是“希望孩子能快乐成长”。

为孩子创造一个快乐的童年，这本身没有什么问题，然而，如果只要快乐却排斥痛苦，可能会适得其反。

## 父母创造的虚幻“快乐”城堡终将崩塌

翔翔是一个刚上二年级的小学生。最近，翔翔一走到学校门口，就喊肚子痛，刚开始妈妈以为他是装的，但翔翔头上都冒出了汗，看起来非常痛苦。妈妈只好带着翔翔回家。然而，通常在回家的路上翔翔的肚子就不痛了，带着他去医院检查也没发现什么问题。更让妈妈不解的是，最近这段时间，翔翔特别爱啃手，啃得拇指的表皮都破了，在家里还喜欢像婴儿一样爬行。

翔翔上小学前曾经是一个“快乐”的孩子，他不需要努力就能获得自己想要的东西。翔翔的妈妈在生下他之后做了全职妈妈，爸爸经营着一家投资公司，经济实力雄厚，妈妈不惜心力和财力要为孩子打造一个“快乐”的童年。

3岁前，一家人对翔翔有求必应，翔翔每天开心快乐地生活着。转眼翔翔到了上幼儿园的年龄，妈妈为翔翔选了一所价格不菲的私立幼儿园，师生配备比很高，但妈妈仍然不放心，担心儿子受小朋友欺负、老师不喜欢他等，希望老师能够像自己一样无微不至地照顾宝贝儿子，于是与老师们保持着良好的私人关系。

老师们对翔翔很好，幼儿园里所有活动都会优先考虑他。对于上幼儿园这件事，翔翔想上就上，不想上就不上。因为妈妈要培养快乐的孩子，自然不愿意看见孩子不高兴。每天看着儿子开心的笑脸，是妈妈最大的幸福。

翔翔几乎不用任何努力，也不用遵守规则，就可以满足他的所有需求。翔翔没有烦恼，没有痛苦，当然也没有成长。

直到翔翔上小学，由于各种原因，妈妈无法再像之前那样冲到前面为孩子打造童话城堡了。因此，小学生活残酷地中止了翔翔学龄前空洞的快乐生活。

显然，之前的生活潜藏着危机，因为现实世界终究会展现在孩子面前，而他错过了为走向独立所需要经历的心智成长和相关训练。

## 虚幻的快乐成瘾，让孩子退行到婴幼儿时期

当孩子无力应对外部的现实世界，就可能产生心理和行为的退行。

翔翔看似快乐的童年，其实是母亲用自己的力量帮助孩子构筑的一个虚幻的快乐城堡。这个城堡把现实层层地挡在了外面，让孩子错误地以为这就是世界的样子，别人都要为自己服务，自己不用任何努力就可以获得所有的爱和成功。

当面对现实时，翔翔有些措手不及，原来的虚幻生活忽然之间全没有了。小学的老师不像妈妈，更不像幼儿园老师，没有特殊对待他，而是把他当成一名普通学生。他失去了中心位置，找不到存在感，为了重新得到过去的地位，他很乖巧听话，但老师仍然没有特殊关照他，他体验到了深深的挫败感和失望感。

妈妈看到翔翔的情况，有的时候会心疼地流着眼泪说："老师就像看不见孩子一样，孩子多可怜呀。"放学见到孩子，她就忙着问东问西："听说你们班有个小孩很爱打人，他打过你没有呀？如果他打你了，你就告诉老师。"妈妈焦虑的表现，更加重了翔翔对新生活的恐惧和排斥。

到了小学二年级，翔翔再也无力面对学校生活，上学就肚子疼的躯体症状，以及婴儿式的退行行为，成功地帮助他回到家里，以逃避外在世界的压力。

婴儿式的退行行为，也象征性地反映了翔翔内心渴望退回到快乐的婴幼儿时期。当他爬行时，幻想中像是回到了无忧无虑的幼年。而啃咬手指，则通过满足口欲帮助他缓解焦虑。

当儿童退行的力量大于向前发展的力量时，孩子就可能放弃发展自己，在潜意识下创造条件帮助自己离开压力环境。这是孩子心理上的一种解决办法，只不过这个方法会带来更多的挫败。

## 父母创造的所谓“快乐”，是对孩子成长的阻碍

妈妈为了成就自己做好妈妈的感觉，却剥夺了孩子的成长机会。

表面上看，妈妈尽职尽责，牺牲了自己的时间和精力，使孩子快乐、舒适地长大。而事实上，妈妈在做这些事情的时候，只是一厢情愿地为孩子提供自己认为的好环境，却未曾尊重孩子的心理发展规律，提供适合孩子发展的环境。

当妈妈无私地投入时，更多是为了满足自己做好妈妈的愿望。许多牺牲式的妈妈在帮助孩子时体验到一种满满的爱的感觉，她们错把这种爱的感觉当成爱本身。

太执着于做一个好妈妈，反而会忽视孩子的心理发展需要，阻碍孩子在关键阶段发展相应的能力。

幼儿园是孩子发展人际交往与社会适应能力的重要场所，它的关系模式不同于家庭人际关系。孩子需要了解和学习他人的需求，调整自己的行为，学习遵守规则，在这个学习适应的过程中，孩子必然会感到痛苦或混乱，但只有真正经历了这个过程，才可能发展起相应的能力。

家长常对幼儿园有一些误解，如“孩子自己扣扣子，老师都不帮一下”“孩子不吃饭，老师也不喂一喂”等，如果老师像家长一样不给孩子锻炼、学习的机会，那幼儿园就失去了它应有的功能。

## 孩子的生活除了快乐，还有必经的成长之痛

孩子在成长过程中，有被人拒绝的可能，也有被人排斥的时候。上幼儿园后开始了集体生活，这意味着孩子的需求难以像在家里一样马上被满足，偶尔还会被忽视，而且还有许多事情需要自己来做，等等。这些改变，一定会让孩子感到痛苦，而在这个痛苦的过程中，他需要逐渐学习适应新的环境，在实际生活中找到新的应对方法。心智和能力经由痛苦和混乱的过程，孩子就得到了成长和锻炼。

一方面，成人满足孩子的需要，孩子知道他的内心世界是可以被理解的，他会感受到与人和世界的联结。另一方面，孩子还有另一种同样重要的成长需要往往容易被忽略，那就是孩子成长的过程中，他需要自然生活中恰到好处的挫折。经历过这些挫折体验，孩子就会知道："原来在我的内心世界之外，还有一个与我不一样的、其他人的内在世界。"懂得了这些，他才可能调整自己，勇敢面对困难。

对于孩子的成长而言，痛苦和快乐同样重要，关键是二者要保持平衡。断奶，离家，在群体里寻求自己的位置，每一次的成长都伴随着痛苦，拒绝了痛苦就等于拒绝了成长。

孩子需要的是一个完整的童年，必然有痛苦、有快乐，成人要允许孩子经历成长之痛，这样他才能更坚实地走向属于自己的人生。

只有孩子的独特性被成人接纳，真实的自己被成人看到，孩子才可能认清真实的自己，并与真实的自己和谐相处，自由的心灵才可能绽放出创造性的美丽花朵。

CHAPTER 7

# 大拇指教育是把“双刃剑”

## 01 帮助孩子提高自我价值感

人的每一个行为背后的动力，无外乎提升自我价值感、维持自我价值感或者避免自我价值感降低。

萨提亚（萨提亚心理治疗模式的创始人）女士用罐子里的状态来比喻自我价值感的高低。一个自我价值感越高的个体，其内在罐子相对越满，内心越满足，行为可能就越自在、越具有创造性，对周围人就会有越多自然的爱的表达。而内在罐子越是不满，我们越是不愿意面对，就越会把内心的消极感受和想法投射向外界，从而创造一个不满意的外部环境。

当你和孩子在一起的时候，要常常问自己：我的自我价值感的罐子是什么状态的？如果你的罐子不充盈，你可能会不自觉地从孩子的价值感罐子里吸取能量来装满自己；如果你的罐子是充盈的，就能够给予孩子更多的爱，而更少基于焦虑对孩子进行控制。

人在成年以后，这个内在的罐子通常处在一个或稳定或浮动的状态，每个人的内在罐子都有自己的变化轨迹。有的人常常自觉价值感低下，他的罐子可能常年不满；有的人因为别人的一次肯定，罐子一下子就满了，又因为别人的一次否定，罐子顷刻间又空了，所以他的罐子常在两极之间跳动；也有些人的罐子是相对充盈、稳定的，他可能做事失败，也可能伤心难过，但他自我价值感的罐子并不会因其所做的事情而发生大的变化。

自我价值感的罐子是怎样形成的？父母应该怎样帮助孩子来获得内在罐子充盈的状态，并让其稳定下来呢？

## 充满爱意地抚摩、关注孩子，满足孩子被爱的渴望

婴儿获得自我价值感的源泉，来自他与照顾者的关系及照顾者的行为反应。照顾者是婴儿的镜子，通过照顾者这面镜子，婴儿获得了对自我价值感的认同。

父母可以尝试用你抚摩孩子的方式来抚摩自己，体验这种抚摩所传递出来的感觉和信息。进而可以反思一下，当你心中充满爱意和接纳去照顾和抚摩孩子时，传递出来的感觉是怎样的；当你心中烦乱或压抑着火气去抚摩和照顾孩子时，传递出来的感觉又是怎样的。尤其对于婴儿来说，他主要通过感知觉来感受这个世界，而你照顾和抚摩他的方式，也将是未来他感知自己和体验这个世界的方式。

可儿是一个不被期待出生的婴儿，妈妈意外怀孕生下了她。可儿的妈妈对于新生儿的吃、喝、拉、撒难以投入，更别说享受了。她常常抱怨可儿的出生打乱了自己的生活，让自己有一种被困住的感觉，再也不像以前那样自由。因此，她常常带着烦躁的心情照顾孩子。与妈妈的烦躁相对应，小可儿特别爱哭，情绪不稳，容易愤怒，这更加重了妈妈的烦躁，由此形成了一个恶性循环。当妈妈带着烦躁的心情去触

碰和照顾可儿时，传递出来的信息可能是粗鲁、生硬、排斥、拒绝等，被这样照顾着的婴儿，怎么会觉得自己是一个值得被爱的生命呢？她的自我价值感又从何而来呢？

因此，充满爱意地抚摩你的孩子，带着喜悦欣赏这个新生命，你的温柔与爱将通过你的触摸满足孩子被爱的渴望，增强孩子的自我价值感。

## 帮助孩子认清事情的原因，减少负面归因

幼小的孩子会天然地认为周围发生的事情与自己相关，尤其是发生消极事件时，他常常会觉得是因为自己不好而导致的。这可能是人类在童年需要依附成人，所以特意为幼儿准备了这种生存智慧。设想一下，对于婴儿而言，如果自己是坏人，需要依附的成人是好人，那么这个世界是比较安全的；但反过来，如果自己是好人，需要依附的成人是坏人，这个世界就太可怕了。当然，如果孩子能够确信消极事件不是因为自己不好而引起的，就会对他自我价值感的认同有很大的帮助，他就不容易因为跟自己无关的事情卷入太多情绪。

因此，父母可以帮助孩子区分哪些事情跟他有关，哪些事情是别人引起的，跟他无关。

儿子两岁左右时的一天，我和先生发生了争执。争执过后，我有些神伤，独自闷闷不乐地坐着。正在一旁玩耍的儿子来到我身边，用手摸着我的眼睛，忽然，他的小嘴一撇，想要哭。看到他的表情，我立刻明白是怎么回事了。我抱着

儿子，问他：“你是不是因为看到妈妈难过才难过的？”他点点头。我对他说：“谢谢你的关心，妈妈是因为和爸爸的看法不一致才争吵起来的，和你没有关系，不是你的原因。妈妈和宝宝一样，有时会难过，有时会高兴。你放心去玩吧，妈妈会照顾好自己的，过一会儿妈妈就会好的。”儿子好像从我脸上的表情确认我说的是真的，他的情绪逐渐平静下来，重新回到客厅开心地玩起来。

对于初生的婴儿，父母也应该如此，不要以为他太小而听不懂你说的话。越是小的婴儿，对环境的感知力越强，他对环境的吸纳是全方位的，负面情绪绝对瞒不过婴儿的眼睛。所以，如果家庭成员发生冲突后，最好能够一起到婴儿面前，跟他说明刚才发生了什么，哪些事情和他有关，哪些事情跟他没有关系。你可以尝试一下，只要真心去做，你就会惊奇于婴儿绝不像看起来那样一无所知。

## 鼓励孩子发表自己的意见，尊重孩子自主选择的权利

如果父母鼓励孩子多发表自己的意见，孩子就更能理解自己，也更有主见、更自信。

如果父母觉得有些事情没有必要让孩子发表意见，那么就在关乎孩子的事情上鼓励孩子发表自己的看法，并尽可能地尊重孩子的意见。

孩子天生有好奇和探索的欲望。当孩子语言不发达时，父母尊重他探索世界的方式，就是在鼓励他发表自己的意见。他在玩玩具时，可能会摔玩具、扔玩具，也可能会拆开玩具看看到底怎么回事，而成

人往往希望一个玩具能玩得长久一些，所以会限制孩子玩玩具的方式，在孩子旁边指手画脚，这样就限制了孩子用自己的方式去探索世界。

对于较大的孩子，父母遇到一些小问题时，可以问问孩子的看法，让孩子帮忙寻求解决办法等。孩子有时候会异想天开、突发奇想，提出一些不靠谱的解决办法，这时父母不要马上否定，可以进一步询问，引导孩子去思考或想象。

当孩子想出一个办法，或者做了一件事时，父母可以这样问孩子："你是怎么想出来的呢？""你是怎样做到的呢？"这样可以帮助孩子发现自身的资源，提升自我价值感，鼓励孩子今后出现更多积极的行为。

## 让孩子发现自身独特之处，提升自我认同感

父母以一种重新发现的心态，让孩子意识到自己的独特之处，能够有效提升孩子的自我价值感。

几乎所有的孩子都希望自己跟父母有相似的地方，这能够增加孩子对父母的认同感。曾经有一段时间，我经常和儿子玩一个叫作"秘密"的游戏，他非常喜欢。我对儿子说："我有一个秘密，你要不要听？"他听后立刻兴奋地凑过来。我告诉他："我觉得你像爸爸一样爱想办法。"他高兴极了，追着要听更多的秘密，我就创造出更多的"秘密"讲给他听。后来，他也如法炮制出很多可爱、美丽的"秘密"耳语送给我。

孩子与父母相似，会让孩子感受到自己和父母是相同的，彼此是有联结的。而让孩子认识到自己与父母的差异，则会让孩子感受到自

己是独特的，可以帮助孩子提升自我认同感。父母可以帮助孩子发现并接纳自己与众不同的地方。比如，“我发现你的小脚和我的不一样，肉肉的很可爱。”“你和我想的不一样，我们有不一样的看法。”“你画的是一条不同的鱼，我和你画的不一样，我们俩画得都很有趣。”

这里的关键点在于，父母千万不要在竞争和比较的心态下去发现孩子跟自己的差异，也不要勉强而为之。如果父母心中根本不欣赏和接纳孩子的独特，说出来的语言就不会有力量。有一个黄金原则可供父母参考，即在你说出发现孩子差异的话之前，先问一下自己：我相信这是真的吗？如果你不相信，就可能会起反作用，最好不要说出来。

一个3岁的小孩，终于画了个像样的圆。父亲想鼓励孩子，就对孩子说：“你真棒，终于画出一个圆了。”没想到父亲的肯定换来的是孩子的恼羞成怒，他把这个像样的圆撕碎了。父亲很困惑：不是要多肯定、多鼓励孩子吗？孩子为什么生气了？问题的关键在于，父亲的肯定不是发自内心的，因为他并不是真的觉得孩子很棒。父亲认为孩子都这么大了，却连圆都画不好，今天终于看见孩子画得圆一些，觉得应该这么说来肯定一下孩子。但孩子体验不到父亲的真心，不但没有提升自我价值感，反倒挫伤了自信心。

其实，你对待孩子的方式，常常是你对待自己的方式，也常常因为你曾经被这样对待过。

限制孩子的人，自己也常常受到限制；允许孩子以自己的方式存在的父母，往往也能够活出别样的风采。

## 02 越优秀的孩子越容易自卑

培养一个自信、独立的孩子，是所有父母的美好愿望。但父母的各种努力可能会适得其反，让孩子的自信心一次次受到损伤。

优秀是成人心中的标准，优秀的父母在养育孩子时，往往更容易将自己的意志加诸孩子身上，虽然此情可以理解，却容易导致看不见真实的孩子。这种情况下，孩子越接近优秀的标准，就越可能远离真实的自己。无法接触真实的自己，真实的自信就无从谈起，因为真实的自信必须建立在真实的自我基础之上。当自信主要建立在外在优秀的基础之上时，个体一旦遭遇到失败或不优秀，这种缺乏根基的自信就可能瞬间坍塌。

### 追求外在的优秀标准是对孩子内在自信心的损伤

5 岁的壮壮忽然心血来潮要画冰激凌。他沉浸在自己的世界里，画了一个又一个冰激凌，其中有一个画得很像。在一旁的妈妈想表扬和肯定他，于是夸奖说："这个画得很像，不错。"壮壮听到妈妈的表扬后很高兴。然而，接下来他的画发生了变化，他很用力地画，完全没有了刚才享受的状态，他画完一个就问一句：“妈妈，这个像吗？”接下来，妈妈自然地介入、评价和指导：“嗯，这个不错，如果这样画就更像了。”在妈妈的指导下，壮壮的冰激凌画得越来越像了。但是，他手中的笔却变得越来越纠结，完全没有了最初画画的自由和全然沉浸其中的乐趣。

壮壮本来是自由的，与真实的自己在一起，这时的绘画就像婴儿的哭泣一样，是他表达自己的一种方式，无所谓好坏优劣。这时的孩子是自信的，因为他能够接纳自己独特的绘画，他在尽情地表达自己。然而，妈妈心中的标准是画得像就是好的，她在自然的言谈和看似积极的表扬中改变了孩子绘画的本质。但对于这一切，妈妈并不知晓。她反倒会看着后来画得越来越像的冰激凌，觉得自己的表扬和鼓励很有效果，甚至暗自为自己塑造了优秀的孩子而满意。然而，对这时的壮壮而言，绘画不再是自由表达自己的一种方式，而变成衡量自己画得像不像的一种工具，这时的他不再自由和自信了。画画变成他满足自己被肯定的途径，他的自我价值感从自在的完满状态，变成了得到肯定就提升、没有得到肯定就下降的状态。

这是优秀孩子成长过程中的一个典型片段。长久下去，就稳定地形成了孩子的人格特点：为了获得肯定，努力追求优秀的表现。在这个过程中，孩子真实的自我被一点点挤压，孩子离自己越来越远。为了获得积极的感受，就要通过优秀的表现获得肯定，这个过程本身又会把真实的自己压抑得更深。久而久之，孩子变得连自己也不认识自己了。这时，就会有空虚感、无意义感、无存在感等体验，进而会更想表现得优秀，由此形成恶性循环。所以，有些表现优秀的孩子，越长大越感受不到幸福，外在越优秀，内心却越自卑。尤其是到了大学里，优秀的人会聚在一起，很多人失去了原有的优越感，在难以通过优秀表现保持积极的感受时，就会出现心理障碍。

## 孩子的自信源于真实自我的表达

一味追求优秀的人往往把事情做得完美、没有错误，通常要求自己符合外在既定的标准。但因为受限于不被认可的恐惧，他通常无法自由地探索和表达，从而会缺乏创造性。

只有孩子的独特性被成人接纳，真实的自己被成人看到，孩子才可能认清真实的自己，并与真实的自己和谐相处，自由的心灵才可能绽放出创造性的美丽花朵。

来看壮壮画画的后续发展。

> 当壮壮纠结于自己画得像不像的时候，爸爸看到了这个过程。他饶有兴趣地凑过来，壮壮拿着较为满意的一幅画问："爸爸，我这个冰激凌画得像吗？"说完，他充满期待地看着爸爸，等待着爸爸的表扬。
>
> 爸爸却并不接话，反而很好奇地问："我好想知道这个冰激凌在想什么？它在做什么呢？"壮壮看到爸爸充满好奇，立刻激发了创作的欲望："它想跑出去找小朋友玩，还想去找好吃的……"他一边念念有词，一边咯咯地笑着，还给冰激凌画上了脚："它长了两只脚，跑得更

快了。”

之前妈妈在看壮壮画画时，并没有看到壮壮这个人的存在，她头脑中有一个标准，并让孩子去满足这个标准。在这个过程中，孩子的独特性被抹杀了，孩子也变得为了标准去努力，看不到自己的独特性。长期下去，他可能会把自己的不一样看成不优秀而压抑自己。幸运的是，爸爸看到了壮壮这个人的存在，他不是对标准，而是对壮壮更感兴趣。当爸爸充满好奇且没有评价地跟孩子进行互动时，孩子的自信又复活了，他的心灵重获自由以后，绘画又变成他表达自己的方式，鲜活的创造性就自然而然地流淌出来了。

## 03 不要随便说出“你最棒”

新一代的家长，已经较少有人信奉“棍棒底下出孝子”的传统信条。而今，被广为接受的是“大拇指”教育，即多竖起你的大拇指，告诉孩子“你真棒”。

大拇指教育听起来似乎很有道理，因此获得了许多父母的追捧。然而，问题的关键在于，当你对着孩子竖起大拇指时，你内心爱的是真实的孩子，还是“理想的孩子”？如果你赞扬的不是眼前真实的孩子，对孩子而言，倒不如吃顿棍棒来得更加踏实，因为你的赞美很可能给孩子造成心理压力，而想象的压力往往比实际发生的压力更让人害怕。

教育不是一门简单的技术，而是一门艺术。亲子关系的质量如同内功，只要内功练好了，技巧随手捻来就能变成“神器”。内功不行，神器可能会变成伤人的武器。

### “你最棒”可能造成孩子的自卑与恐慌

很多时候，父母夸赞孩子“你最棒”，孩子的感觉可能相反，觉得自己配不上这种评价，反倒容易造成自卑的性格。

小轩是一名大学生，父母受过良好的教育，母亲大学时读的是教育学专业。小轩的妈妈非常认可“大拇指”教育，在小轩身上非常执着地贯彻这种赏识教育的方式。但她不曾知道，当自己在享受着他人的羡慕，以及大拇指教育在孩子身上的积极效果时，小轩却因为内疚和自卑而被折磨得疲惫不堪，游走在生死边缘。

妈妈眼中只有理想中的孩子，孩子感受到的却是深深的孤独。小轩前来咨询的原因是自从上大学后，发现身边的同学都比自己厉害，所以感到非常自卑。他没有特别要好的朋友可以倾诉，也不好意思跟别人谈这些，就想给妈妈打电话。结果每次妈妈一听小轩说心情沮丧之类的话，没等他说完，就赶紧说：“小轩，妈妈觉得你是最棒的！你一定能做得最好，妈妈相信你，我的儿子一直都是最棒的！”小轩听到妈妈这样说，就把要说的话咽了下去。接下来，他便感到一种深深的羞愧和内疚：“我不够好，我不配妈妈这么看我，我对不起妈妈，我让妈妈失望了。”同时，还有一种深深的孤独感涌上他的心头。

记忆中，这种孤独感最早来自小学时的一件事。小轩回忆道：“那次妈妈夸赞我时，我能非常清晰地感受到她内心其实对我很失望，我当时心里特别难受，感觉很孤独，觉得妈妈之所以这么说，只是因为她觉得应该这么说而已，并不是真的为我感到自豪。”

在跟妈妈通完电话之后，小轩感觉更糟糕了。想到自己现实的表现与妈妈的期待之间的差距，他的心脏开始一阵阵地发紧，又一次掉到了那种恐慌的旋涡里，伴随着恐慌的，是深深的无力感和失控感。

当小轩想到比自己优秀的同学时，就会突然陷入这种焦虑和恐慌中；当他想到那些即使不优秀也活得潇洒自在的同学时，小轩觉得自己不只是不优秀，情绪调节能力也很差，情商又低。伴随着这种自我评价，他陷入了更深的自卑当中。他的大部分时间都被极度的自卑感和负疚感所占据，所以不能专心投入学习，学业成绩下降又增加了他的内疚和自卑，由此形成了一个恶性循环，一步步地把小轩推向黑暗的泥潭。

## “你最棒”是对孩子多彩生活的捆绑

妈妈按照心目中“棒孩子”的标准要求孩子，会让孩子失去很多人生体验。

小轩回忆说，妈妈总是告诉自己：“你是最棒的。”自己也不负妈妈的期望，一直以来学业成绩很好，也很乖。

“可能是担心自己不棒时妈妈不爱我，所以才表现这么好吧。”小轩说到此处，眼睛里掠过一种深深的无奈，“看到妈妈因为我学习成绩好而得意的样子，我特别想让妈妈知道，我并不像她想象的那么好。其实我有时候也想偷懒去玩，去打游戏，但是我不敢，我总是拿妈妈心目中‘棒孩子’的标准来要求自己。读中学时，我还可以努力保持这种状态，到了大学，有时看到别的同学能够自信地参与各种活动，我特别羡慕他们。但我就是莫名地害怕，害怕自己做不好而选择不参与、不尝试。这么多年以来，为了成为‘棒孩子’，我也很少做那些妈妈认为对前途没帮助的事情，比如和同学去玩、交朋友等。所以，我也没什么知心的朋友，现在我的困扰更不能对妈妈说了，因为我连表面上的优秀也失去了。”

## “你最棒”是父母对孩子的精神控制

妈妈经常会通过情绪反应，把小轩拽到“棒孩子”的预定轨道上。

小轩继续向我吐露心声：“妈妈好像很害怕我状态不好，总是急于肯定我。有一次，我一下子变得很愤怒，对妈妈吼着说：‘妈，你别夸我了好不好？我其实挺差的！’

“我从来没有这样对待过妈妈，过后感觉特别内疚。后来爸爸发短信说，妈妈挂电话后哭了很长时间，一夜都没怎么睡觉。我又给妈妈打电话道歉，说自己那天是因为别的事情心情不好才发脾气的。为了哄妈妈开心，我又假装愉快地说：‘你的孩子当然是最棒的。’

“这样的事情以前也发生过。即使我做得不好，妈妈也不会批评我，但我能非常准确地嗅到妈妈的情绪反应。她一不高兴，我通常就知道自己哪些地方做错了，然后会乖乖地去做她想要我做的，这时妈妈的情绪就会慢慢好起来。

“我现在特别地无助和孤独，我是个骗子，骗得了别人却骗不了自己，我知道自己很差劲。我有时想，与其像个行尸走肉一样地生活，还不如死了好。不是因为我想死，而是因为这样生活真的好累。”

## “你最棒”是满足“好父母”愿望的工具

小轩的妈妈拒绝看到真实的孩子，因为真实的孩子不是按标准生产的，也是不完美的。所以，小轩向她说起自己的沮丧时，妈妈会着急地进行鼓励，拒绝倾听小轩的心声。

妈妈不愿意理解和同理孩子真实的喜怒哀乐等心理，就不可能跟孩子建立起亲密信任的亲子互动关系。没有亲密信任的关系做基础，教养孩子的方法只是控制孩子的工具，其本质是不允许孩子做真实的自己。一个没有机会做自己的孩子，他的生活肯定是僵化、缺少活力和幸福体验的。

在缺乏高质量亲密关系的基础上，妈妈一次次说出“你最棒”，其实是在传递另外一种信息：如果你不棒，我就不爱你了。孩子体验到父母只爱棒的自己，不爱真实的自己，他们爱的只是理想中的孩子。对于孩子来说，没有父母的爱或被父母抛弃是一件非常恐怖的事情，甚至意味着自己可能会死去。

反过来看小轩的妈妈，她一定是在努力做个好妈妈。想做好妈妈是人之常情，但如果用力过猛，太执着于做好妈妈，则会看不到孩子的真实需求。因为好妈妈需要好孩子来证明，没有好孩子，好妈妈就不存在。在这个过程中，好孩子就变成了满足好妈妈愿望的工具。

正如著名自体心理学学派创始人科胡特的那句名言："不含敌意的坚决，不带诱惑的深情。"这句话的后半句用在亲子关系上，意即父母在向孩子表达爱时，不要让孩子觉得这份爱带有诱惑和要挟的意味。事实上，我认为这不只是亲子关系，也是所有人际关系的至高境界。

至于这句话的前半句，留待大家去慢慢体验和感受。一是因为它意蕴深长，二是在提醒自己：能够容忍没有答案或者混沌的状态，也是养育孩子的重要品质。因为孩子的成长过程是一幅逐渐展开的画卷，需要父母耐心等待他不一样的表现。

## 04 如何回应孩子消极的自我评价

父母对孩子的看法会直接影响孩子对自己及世界的感知。

一名小学生同一道题目做错了两次。面对妈妈的批评，孩子忽然说：“妈妈，我觉得自己很笨。”

妈妈心中一沉：“你怎么会笨，在妈妈眼中你是个聪明的孩子。”

孩子说：“不是的，我连这么简单的题目都又做错了。”

妈妈说：“那也不能说明你笨。”

孩子说：“如果聪明，就不会做错两次了。”

妈妈忽然大怒：“你这个笨蛋，你不笨！”

我们可以想象着把自己放到这个场景里，体会母亲内心经历了怎样的历程。母亲对孩子的怀疑和评价被孩子感受到，孩子真的认同了，母亲却又体验到一种失控的恐慌，于是想纠正孩子的想法，纠偏不成，在愤怒、混乱之下，说出了让人啼笑皆非的话。

### 面对孩子的消极自我评价，不要急着把孩子拒于沟通之外

孩子上小学后，开始对自己进行评价和总结，这些评价中有积极

正向的，也有消极负向的。

当父母听到孩子对自己的消极评价时，最容易唤起内心的焦虑或担心，然后他们急于去纠正孩子的看法。在纠正的过程中，父母的情绪状态恰恰容易给孩子传递一种“坐实”的感觉。因为父母的紧张，孩子会产生“看来我真的像自己所认为的那样”的感觉，或者觉得父母根本不理解自己，不但对自己的认知没有改变，还可能形成一种固有的印象，觉得和父母说没用，以后则更少主动沟通。

所以，有时父母们会很苦恼，即便自己主动发起谈话，孩子也不愿意和自己沟通。其实，很多时候父母口中所谓的沟通可能根本不是平等的交流，而是想知道孩子的事情，或者是为了缓解自己的焦虑，增加控制感。而孩子一下子就嗅到了“探子”的味道，自然会拒绝沟通。

很多父母平时很忙，需要兼顾的事情太多，偶尔听不到孩子的心声是正常的。但如果总是听不到，却又没有觉知自己没有听到，就可能对亲子关系的发展感到困惑，或者走向自己期待的反方向。

记得儿子上小学一年级期末，学校发的成长档案上有一栏是自我评价，儿子填的是“我的数学不好”。我看到这个评价心里一惊，儿子怎么学习生涯刚开始就给自己下了定论。在这里我要交代下背景，儿子上小学时语文、数学、英语几乎全是零起点。一学期下来，能适应校园生活就不错了，考试成绩就别提了。

作为妈妈，听到孩子这样的自我评价，可能都会有些焦虑和担心，想要去纠正孩子的想法。作为一名已有十多年工作经历的咨询师，面对自己初上学孩子的自我评价，我仍然是个新手小学生妈妈，并不能淡定处之，正所谓“医者不自医，渡人难自渡”啊。

我停顿下来，做了几下深呼吸，帮助自己冷静下来，这样就更能看到自己，看到孩子。

接下来，我问儿子："你是怎样得出这个判断的？"

儿子有点不好意思地说："我没有考 100 分。"（背景：一年级小朋友考 100 分通常是成批的）。"

我问儿子："听起来你的意思是考 100 分才代表数学成绩好，是吗？"儿子点头表示赞同。

"那你之前考过 100 分吗？"（我知道他考过 100 分）

儿子说："考过呀。"

"如果考 100 分就是好的，你的数学是好的，还是不好的？"我继续问儿子。

儿子困惑了，回答道："有时好，有时不好。"

我又问儿子："'我的数学不好'这个判断，你认为是不是真的、不变的？"

儿子好像有点开心地说："不是真的。"

我接着引导儿子："那你可以试着换一句话来表达你现在的想法吗？换成可以变化的、符合你的情况的表述。"

儿子想了想，高兴地对自己做出了新的判断："我的数学还需要努力！"

事后，我们还聊了些生活中很多事情的变与不变。

处理这个问题的过程看似简单，但因为我们容易带着情绪进入这些情境，再加上习惯性的反应模式，着急把自己的判断推销出去，急于纠正孩子等，这些都会蒙蔽我们的内心。结果，其实是我们自己热热闹闹地出演了一个剧本，有时把自己感动，有时让自己生气，还认为是别人不配合，无法理解。

## 如何应对孩子的负向自我评价

接下来的过程，可以作为一个指导性的方向，帮助我们觉察自己。

### 觉察

觉察如同分身术，把自己的意识从身体中分离出来，类似旁观者的身份但又不完全等同于旁观者，一边辨别，一边体验自己的感觉、信念、态度、价值观、目标、动机和行为等。

一句话，在觉察时，自己能够看到并体验到自己。比如，当我看到孩子的自我评价，觉察到自己的不淡定、担心等；觉察到自己想要说服孩子，告诉他“一次数学没考好，并不能证明什么”，以及想要纠正孩子想法的焦虑感。这些觉察让我能够看到自己的情绪，能够理性地审视自己，从而减少了在无觉知的情绪推动下进行说服、纠正的做法。如果没有觉察，就容易进入自动化的反应过程。

### 停顿

停顿是我们在觉察之后的自我整理和调整的过程，可能只是几秒钟，停顿时，我们会有意识地调整呼吸，把意识带到当下，帮助我们平静下来。

停顿也可以给自己一个空间，帮助我们看到自己的情绪，把情绪放到自己的情绪之杯里，而不是让装不下的情绪溢出来倒给孩子。

很多时候，父母面对孩子反应太快，太快的反应往往不是对当下的反应，而是习惯性的反射动作，是一套我们在心里或行为上重复了千万次的惯性回路，这时我们看到的往往只是自己的情绪和期待，却看不见对方。

## 核对孩子真正要表达的意思

停顿之后，我们带着好奇去看待孩子，确认孩子的感受和想法，思考当下的结论是怎样产生的，发生了什么，等等。给孩子一个空间，让他进一步厘清自己的思维，表达自己进一步的想法。

有时，孩子抛出来一句话，只是他想要多表达一些，这时我们太急切地进行教导和纠正，虽然滔滔不绝地讲了很多，但可能和孩子想要表达的没有一点儿关系。亲子关系中这样的事情不胜枚举，大家留心一下，一定会有所发现。

一天放学后，儿子问我："妈妈，你觉得中医厉害还是西医厉害？"

作为中医爱好者的我有一大堆的东西想要说，我心想，展示老妈技术的时候到了。我正要摩拳擦掌，跃跃欲试，忽然意识到：孩子怎么问这个问题呢？于是，我忍住表达的冲动，问儿子："发生了什么，是什么让你想到了这个问题？"

儿子说："我今天下午和 ×× 辩论了这个问题，我说中医厉害，他说西医厉害，最后我赢了。"

儿子骄傲地扬了扬下巴，用胳膊在空中划过一道有力的弧线，潇洒地一转身，做自己的事情去了。

核对孩子真正要表达的意思时，可以使用的句子有“是什么让你得出这个结论”“发生了什么”“你的意思是……”“你是怎样得出这个判断的”，等等。这些句式通常可以帮助我们和孩子展开对话。

## 找出孩子行为的正向作用

任何事情都有正面意义，任何孩子都有值得肯定的地方，作为咨询师的我对这一点深信不疑，而且这也是我的人性观。

比如，许多家庭常见的情况——孩子找不到自己的东西，开始发脾气。父母通常会有以下的反应：“急有什么用，现在重要的是找到东西。”“你还哭，怨谁，怨我吗？”“你自己没有放好，下次长点记性。”或者是讨好地对孩子：“不着急啊，妈妈马上帮你找。”

如果我们能看到孩子身上的正向资源，画风就会不一样了。我曾经遇到过这样的情况，儿子晚上整理书包时，第二天需要用的书法课资料找不到了，他快急哭了。我说了几句关于找资料的话，他好像都没听见，而且变得更着急。

于是我定了定神，对儿子说：“我很欣赏你。”正着急的儿子听到后一下子愣住了。我说：“我欣赏你是因为你知道提前准备第二天上课的资料，说明你有更多的主动性了。你很着急，说明你很看重这件事。你同意我的说法吗？”这时孩子不再急了，思索着点点头。这确实是事实，以前整理第二天上课的资料都需要我提醒，这次他知道主动找了。此时他的情绪已经相对平和了很多，情绪被接纳，理性才可能启动工作。我继续引导他：“回想一下上次拿回来时的过程，看看放在哪儿的可能性比较大。”他开始积极地回想和寻找了。

孩子着急发火时，通常自我感觉比较糟糕，这时家长的批评、质疑可能会让他对自己的感觉更糟糕，他自然会进入一种防御保护模式。

## 做孩子的脚手架，推动孩子得出新的判断

我们想要告诉孩子的道理通常都没错，但孩子为什么不愿意听呢？因为从问题的出现到问题的判断如果不是孩子亲历的，孩子大脑中的神经元没有连接，孩子就无法将这些东西变成自己的。

如果父母能够做孩子的脚手架，起到支撑作用，孩子经由我们提出的问题、呈现的事实得出他自己的判断，不仅能够针对当下这件事得出结论本身，更是孩子提升思考力、做出理性评估和判断的练习。

一天晚上，我们一家三口去散步，儿子忽然跟我说："妈妈，我有恐高症。"

我老公一听，"嗯"了一声，马上带有质疑地问："你凭什么说自己有恐高症，上多高的楼害怕算恐高症？"

孩子正要辩解，但又不知如何辩解。我停顿了一下，问："妈妈想知道你是基于什么做出这个判断的？"

儿子说："我上到六楼时往下看，感觉很害怕。"

我说："哦，原来是这样啊，我站在高楼上往下看也会害怕。"

我又说："如果有一片火海，你会往里跳吗？"

儿子不可思议地笑着说："肯定不会，我会离得远一些。"

"你为什么会选择离得远些而不选择靠近呢？"我问道。

"因为靠近了会被烧着呀。"说完儿子用轻蔑的眼神看着我，意思是你连这都不知道呀。

我又问："那你站在高处感到害怕时会怎么做？"

"往后退一些呀。"儿子回答道。

我接着问："那你觉得站在很高的地方害怕是不是恐高症？"

儿子一听乐了，说："哦，这是我在保护自己，我觉得这不是恐高症。"

其实，这并不是日常的对话，而是在定下神之后有意识、有觉知的交流。这不是亲子的日常，而是一个遇到问题时处理的方式。

交流的过程中，我并没有特别地设想儿子可能的反应，也不是在套路孩子，而是在当下那个时候多了一点儿好奇心，就是那种"嗯？他想表达的是什么，他的意思指的是什么"的意识和觉察，然后留了一些空间来展开彼此内心并未了解的东西。

如果回过头来想，我并没有核对孩子自己对这件事情的态度，比如，你是怎样看待恐高的，你害怕自己有恐高症吗？孩子的答案其实常超出我们的想象。显然，我还是有点急了，直接和儿子谈论起了恐高。

这个过程用一个比喻更好理解和操作。我们内心未展开的想法和感受，就像一堆乱放的中草药，核对交流的过程就像把乱乱的草药分类整理后各自归放到贴了名字的中药柜里，变得有序了。

类似的情况出现的次数多了，再遇到就会想到用这种方法整理，这就是训练思维习惯和学习评估判断的过程。

故事内容会随着时间而被孩子淡忘，但故事中的信念则会长久地影响孩子的思维和行为方式。借由故事的亲子互动会变得有趣而丰富，尤其是讲故事时跟孩子之间那种暗语式的心照不宣，最好玩和温暖有爱。

CHAPTER 8

# 你不知道的那些婴幼儿心理

## 01 在宝宝婴儿期，做有求必应的妈妈

婴儿不是缩小版的大人，他们有着自己的心理发展特点。如果父母在幼年时把他当成大人来对待，成年后他反而更可能表现得像个孩子。

父母往往对孩子的身体照顾得比较细心，而对孩子的心理或情绪常常容易忽略。当母爱的本能被外界或僵化的知识干扰太多时，母性的自然反应就容易受到抑制。事实上，母亲的知识通常远不如母亲的人格对孩子的影响来得大。当然，母亲如果能够活用知识，则可以帮助自己得到更好的成长。

一名博士妈妈因为坚持母乳喂养，把新生的婴儿饿得营养不良，体重远不达标。在咨询医生时，医生问她："既然母乳不够，为什么不添加奶粉？"博士妈妈回答说："不是说要坚持母乳喂养吗？"

其实，使用自然界赋予母亲的本能来养育婴幼儿已经足够，倒是外部的干扰越来越多，扰乱了母亲的本能反应。母亲的本能越是不使用，就对孩子越不敏感，母婴之间的联结也就越容易断裂。

## 婴儿早期，“绝对好”的母亲能够帮助孩子建立最初的自信

“绝对好”的母亲是指母亲对婴儿有求必应，而不是把母亲自己觉得好的强加给婴儿。如果要给“绝对好”的母亲加一个期限，至少应该是宝宝出生后的头三四个月。因为三四个月大的宝宝已经有了社交性微笑，开始从完全自闭的状态转入社会互动的状态。当然，如果现实情况允许，最好坚持做“绝对好”的母亲到宝宝1岁，因为1岁前是婴儿建立对世界基本信任感的阶段。之后，随着孩子的成长，“绝对好”的母亲就要逐渐变成“差不多好”的母亲，即常说的“及格”的母亲。

新生儿来到这个世界后，首要的任务是适应环境、活下去。刚出生的婴儿离开了母体完美的子宫，开始自主呼吸，没有了温暖恒定的温度，皮肤感受到的是或冷或热的感觉，开始体验重力感……这一切都是陌生的、充满未知的。要如此艰险地活下去，婴儿会产生大量的死亡和被迫害的焦虑和幻想。

有求必应的母亲，会创造一个安全、温暖的环境，犹如体外的子宫，婴儿会将其作为基地去适应外在的世界。当然，在这个母子之间紧密联系的“子宫”外围，还需要有一个怀抱，即父亲的怀抱。

婴儿没有自我感，即没有完整的自我概念，他对自己的感知是局部的，对母亲的感知也是局部的。

婴儿吃奶时被呛了一下，他并不能获得一种解释：“哦，这是因为乳汁涌出得太快，我来不及咽，所以被呛了一下。”在婴儿眼里，母亲是局部的，并不是完整的人，此时母亲约等于乳房。伴随着被呛的感觉，婴儿立刻产生大量的原始迫害幻想，即乳头在迫害我。婴儿

此时的感受和情绪是无法自行处理的，他害怕的是自己的感觉，他可能会大哭，或者把头扭开拒绝再吃等。

当母亲知道孩子被呛了一下，如果母亲的情绪稳定，她就会容纳孩子的情绪，并通过抚摩、温柔低语等来安抚婴儿，等婴儿准备好了，再继续吃奶。在这个过程中，婴儿被迫害的幻想逐渐被美好的生命体验所替代。"哦，这个不可怕，乳房是好的，它不迫害我，我也是好的。"这时，"好"的母亲对应"好"的婴儿，体现了母婴情绪的同步性。

婴儿其他生理上的不适感，与他被奶水呛的过程类似。婴儿饥饿时，他还不能获得"我饿了，需要进食"这一意识，胃部排空让他感觉不舒服和恐惧，他以为有人要迫害自己，这些大量原始的受迫害性焦虑，使婴儿能够等待的时间极其短暂。所以，饥饿的婴儿哭起来是不得了的，那是在急切地呼唤母亲过来喂奶，如果母亲感到心情烦躁，并且为满足婴儿的要求采取了行动，就等于处理了婴儿的情绪。一旦吃上奶，婴儿胃部感觉舒服了，美好的生命体验便又开始继续积累。经过无数次这样的互动，婴儿逐渐获得一种整合的体验："原来这种感觉不是有人想迫害我，只是饿了，吃过奶就好了。"慢慢地，孩子能够等待的时间就会越来越长，看到妈妈和奶瓶，他就知道要吃饭了。

对婴儿有求必应这一点，能够承担养育责任的母亲依赖本能几乎都能做到。经过无数次把情绪扔给母亲，母亲容纳、处理后还给婴儿的过程，婴儿逐渐获得了一种全能幻想，即感觉自己可以控制一切。如果可以控制一切，世界就不可怕了。你瞧，我一哭就有人抱，一饿就有奶吃。这也是婴儿最初的自信，或者说这是自信的原始形式。这种全能幻想可以帮助婴儿积累更多美好的生命体验，帮助他准备好进入下一个发展阶段。随着婴儿越来越有力量，他的全能感逐渐被打破，开始接触真实的世界。

## 现代母亲的母爱本能正在逐渐退化

每位母亲依靠本能养育婴儿是完全没有问题的。因为女人一旦成为母亲，造物主就已经让她做好了身心准备，她会以初恋般的感觉投入到母婴关系中去。然而，现代的母亲很多已不再依赖本能，而是依赖自己所了解的育儿知识来养育孩子。以下是一些常见的、被很多母亲奉为“真理”的育儿教条。

“按时哺乳，每隔 3 小时喂一次。”凭什么所有的婴儿都要每隔 3 小时喂一次？凭什么婴儿饿不饿由别人说了算？为什么父母从小就不信任孩子，不允许孩子根据自己的感觉来决定饮食？难道成人的消化系统都是一样的吗？你饿了，但是权威告诉你“你还不饿”，等到时间再给你吃，这听起来是不是很荒谬？

“不要一哭就抱，否则婴儿会被惯坏，母亲会被控制。”1 岁以内的婴儿是绝不会被惯坏的，因为他需要的是全能幻想，需要让自己安全地活下去，需要积累美好的生命体验，以消减来到世间的不美好的生命体验。

“哭时不抱，不哭了才抱。让他知道，好的行为才能得到强化，坏的行为是得不到回应的。”这就好像告诉一个人：你难过时不要安慰你，你开心时才来和你玩。如果婴儿能够听懂成人的语言，他听到这样的话该是多么愤怒和无助。

“吃母乳到 3 个月，最多 6 个月就应该断奶，6 个月以后母乳就没有营养了。”不知从何时起，母乳喂养的社会环境变得很不友好，坚持母乳喂养需要母亲强大的定力和抗干扰力。我曾听到好多妈妈说自己是迫于周围人的压力而给孩子断了奶。世界卫生组织建议母乳喂养至宝宝 2 岁，妈妈们可以根据自己的情况有所延长或缩短。人类的母乳是最适合婴儿的食品，哺乳除了满足婴儿的生理需要外，也有满足其心理发展需求的功能。

“小时候好断奶，长大了不好断。”这个逻辑很奇怪。一个人除了吃奶还能吃点儿别的花样，断奶时他能够通过语言和行为表达自己的痛苦；另一个人只有奶这种单一的食品可以吃，断奶时他更痛苦，但他由于能力不足而无从表达自己的痛苦。然后，我们就说后者更容易断奶，这难道不是很奇怪吗？其实断奶是孩子成长的机会，是孩子成长过程中必须经历的痛，不管孩子是大一些还是小一些，都需要承受这种痛。如果母亲能够坦然接受这一点，就不会因为过于焦虑而急于给孩子断奶。

“不要和婴儿同床睡，孩子会被压着，会导致其窒息而亡。”如果这种告诫再加上典型的个案，有些母亲就会吓得立刻不再信任自己。必要的注意事项要重视，但大可不必因为怕压着孩子就不让孩子跟自己同床睡。母亲内在有一个专门的接收反应装置，对婴儿通常会异常敏感，这个装置产自于母亲的本能反应，母亲应放心大胆地去使用这个珍贵的礼物。

“宝宝 6 个月就具有自我安抚睡整夜觉的能力。”确实有一些“天使宝宝”会这样，但大部分宝宝都需要较长时间的调整才能睡整夜觉。只要母亲别总想着“书上说的”，能够忘记“别人家孩子”的睡眠情况，用耐心和爱陪着孩子慢慢调整，一定会让孩子学会睡整夜觉。据我了解，有一些孩子睡眠极差往往是母亲太过焦虑造成的。因为母亲太焦虑，孩子的情绪自然不好，母婴之间常常在进行着无言的较量。

类似的观念还有很多，每一条乍听起来都很有道理。总结起来，这些观念具有以下特点：一是不信任母亲的本能；二是不信任婴儿；三是总想控制婴儿，不考虑个体差异。

有的母亲在训练孩子睡眠时，含着眼泪心碎地在门口听宝宝的哭声，却不听从本能的召唤去安抚宝宝。母亲心碎的感觉正是婴儿投射给母亲的情绪，婴儿把自己处理不了的情绪传递给母亲，希望通过唤起母亲内心的不愉快让她理解婴儿，从而及时地回应婴儿。但母亲接收到婴儿的这些情绪后，没有进行回应，而是将其压抑下去。慢慢地，母亲就对婴儿的需求变得不再敏感。要知道，母婴之间的心理联结是孩子成长最重要的营养。而这种天然的联结，在一些所谓的育儿知识的引导下，正在被一点点地割断。

在宝宝尚小的阶段，希望妈妈们能够尽可能地按照母亲的本能来养育孩子，做一个有求必应的妈妈。只有这样，才能帮助孩子建立最初的自信和安全感，为孩子未来的发展打下良好的基础。

## 02 成长的迷恋——俄狄浦斯情结期

为了描述父亲跟女儿之间的亲密之情，很多人会用“女儿是父亲前世的小情人”来表达。同理，儿子也被称为“母亲前世的小情人”。

我也曾觉得这样的说法好玩、有意思，直到我读到一篇文章。这篇文章讲了一个故事：成年人出于好玩的心理，让五六岁的小姑娘和当军人的舅舅玩了一个结婚的游戏。后来舅舅在战场上牺牲，小姑娘的心灵受到了严重的伤害，因为小姑娘所有未来的梦想都是跟“和舅舅结婚”这件事相连的。

对于幼儿而言，游戏即现实，他们很难分清现实和游戏，这也正是幼儿需要在游戏中发展自己的原因。

作为一名母亲，我有时看着儿子也会想，这个如今与我如此亲密的人，将来会有自己喜欢的姑娘，会离开家，会结婚，会拥有自己的孩子和家庭。想起这些时，我就会有些许的失落感，但同时我也真心希望儿子能够独立起来，去探索属于自己的人生。作为母亲，我希望自己能够目送他、祝福他，而不要因为我对他的爱而成为他独立的障碍。

## 成长的迷恋：俄狄浦斯情结期

亲子之爱是如此浓烈，在文学和神话中几乎是永恒的主题。异性亲子之间的关系如果超越亲子之爱，则常常是悲剧的主题。

精神分析鼻祖弗洛伊德，借用希腊的悲剧故事提出“俄狄浦斯情结”与“爱列屈拉情结”，分别指男孩和女孩在性心理发展过程中对异性父母的迷恋。通俗的说法就是，男孩会出现恋母倾向而嫉妒父亲，女孩会出现恋父倾向而嫉妒母亲，他们都期望取代同性的父母而与异性的父母建立唯一的关系。

但他也指出，这种欲望因为不被社会所容许，所以后来都受到了潜抑。如果一个人肆无忌惮地表现出这种欲望，可能就会像希腊悲剧里的俄狄浦斯和爱列屈拉一样，受到严厉的惩罚。

相对于多数人知道的“俄狄浦斯情结”（即恋母情结），被称为“爱列屈拉情结”的恋父情结则没有那么广为人知。由于女孩的异性爱本能倾向，使得女孩恋父而妒母，这就产生了“恋父情结”。现在提到“俄狄浦斯情结”，一般通指恋母情结和恋父情结。

按照精神分析理论，幼儿在 3 ～ 6 岁期间进入俄狄浦斯期（简称“俄期”；另外，为了行文方便，本书只阐述恋母情结）。幼儿在心理上成功进入“俄期”，是重要的成长标志，因为这是其认知和情感发展的结果。

## 关系的分化：从母婴二元关系进入三角关系

在恋母情结前期，幼儿处在与母亲的二元关系中，即在儿童的精神世界中，只有“我”和母亲的关系，根本看不到父亲的存在。随着幼儿心理的发展，他逐渐透过母亲看到父亲。为什么要透过母亲才能看到父亲呢？因为只有当幼儿有一天发现，除了自己之外，母亲还和另外一个男人有关系，而且是超越自己与母亲之上的关系，这时，父亲才在幼儿的精神层面被看见，二元关系就慢慢让位于三角关系，即“我”、母亲和父亲之间的关系，这是心理发展的一个重要成就。这时的小男孩可能会说“妈妈，我要和你结婚”“妈妈，你给我生个孩子吧”，小女孩则可能会说“爸爸，我长大了要嫁给你”等。

可以想象，幼儿发现原来眼中只有“我”的母亲，眼里竟然还有另外一个男人之后，就会对父亲产生妒忌心理。如果夫妻关系亲密，幼儿对父亲会更加嫉妒，努力想要回到母婴二元关系中独占母亲。想要独占母亲，得先把父亲“干掉”。对于一名幼儿来说，这几乎是不可能完成的任务。幼儿想要“干掉”父亲的幻想，会引发被父亲惩罚的焦虑，小男孩会在生活中表现出来。比如，担心自己的阴茎受到伤害。小男孩在洗澡时嫌水热，会说：“水太热了，我担心把小鸡鸡烫坏了。”在与父亲对抗的游戏中，小男孩会警告说：“别打我的小鸡鸡啊。”他也可能在日常的游戏或玩笑中攻击父亲，或者具有把父母分开的行为和愿望。如有的父亲出差，幼儿会非常开心，因为在他看来，偶尔独占母亲也比没有机会独占母亲强。

## 角色的认同：男孩学爸爸，女孩学妈妈

如果夫妻关系较好，或者幼儿通过母亲的眼睛感受到母亲尊重父亲，幼儿会觉得父亲很厉害。随着认知能力的逐渐发展，他通常会放

弃“干掉”父亲的幻想。“让这个男人去照顾母亲吧，我虽然不甘心、沮丧，但是同时我也感觉到一种解脱，我可以自由地做个小孩子，做自己喜欢做的事情，不用担心妈妈的心情没人照顾。”这或许是幼儿内心的独白。

渐渐地，幼儿开始向父亲认同，这样做有两个好处：一是可以“曲线救国”，迂回地获得母亲的爱；二是可以进入男人的世界，像父亲那样有力量、被尊重。小男孩会觉得：“我如果像母亲爱的那个人一样，母亲就会爱我。”小女孩则会想：“如果我像母亲那样，父亲就会爱我。”

儿子模仿爸爸说话的语气，崇拜爸爸，希望像爸爸那样有力量……这些行为是在向爸爸认同，准备进入男人的世界；女孩爱美丽，穿妈妈的高跟鞋，用妈妈的发卡……这些行为是在向妈妈认同，准备进入女人的世界。这是正常的发展过程，这样会让女孩像妈妈、男孩像爸爸。

## 孩子的噩梦：变成母亲情感上的“小丈夫”

如果幼儿的角色认同很清晰，他就会健康发展。然而，现实却并非尽如人意。如果夫妻关系糟糕，或者母亲过分强势，幼儿就无法通过母亲的眼睛看到满足以及母亲对父亲的尊重，反而会看到绝望、忧伤、愤怒和无处寄放的心灵。显然，父亲无法满足母亲，母亲也无法让自己幸福快乐。

幼儿心理发展的过程有两种动力：一种是成长的、向前发展的动力，一种是向后退行的动力。幼儿在这两种力量的较量中不断发展。

当父母的关系糟糕时，幼儿向后退行的动力就会大于向前发展的动力，他在精神层面就会继续待在二元世界里，为的是继续守护母亲、满足母亲。表面上看，这时他成功地“干掉”了父亲，独占了母亲。然而，成功后的结果就像诅咒一样，孩子可能会牺牲继续发展自我的机会，毕生追求的是满足母亲的愿望，让母亲快乐和幸福，承担起母亲情感上的“小丈夫”角色。这样，只有母亲快乐和幸福时，孩子才会觉得有存在感和价值感。

这种角色认同混乱的情况，很可能造成孩子的自我发展停滞不前，成年后可能出现各种精神障碍。

一个小男孩在幼儿园喜欢打人，闯了不少祸，母亲看起来很着急。然而，每次谈到孩子打人时，孩子都会看着母亲，嘴角带着一丝狡黠、满足的笑。显然，他打人不是为了自己，而是为了母亲。原来，孩子的父亲在母亲的眼中缺少男子气，甚至有点儿窝囊，孩子的这种行为满足了母亲对男人的角色期望。母亲虽然因为孩子打人表现得很着急，情绪却是愉悦的。

## 畸形的俄狄浦斯情结将导致悲剧发生

20 世纪英国杰出的小说家劳伦斯，在其成名作《儿子与情人》中，把母子之爱和情人之爱的矛盾、复杂心理描写得非常细腻：

> 所有的孩子，尤其是保罗都特别反对父亲。在父亲莫雷尔因伤住院后，保罗高兴地对母亲说：“现在我就是家里的男人了！”

这种家庭悲剧其实是劳伦斯自己早年生活的真实写照。

劳伦斯出生于诺丁汉郡伊斯特伍德矿区一个矿工家庭。做矿工的父亲因贫困、粗暴和酗酒，与当过教师的母亲感情日渐冷淡。母亲对儿子畸形的爱，使劳伦斯长期依赖母亲而难以形成独立的人格和健全的性爱能力。直到母亲病逝后，劳伦斯才挣扎着走出畸形母爱的怪圈。

这种恋母或恋子情结不是很严重时，母亲可能还允许儿子结婚。但是，婆婆通常会对儿媳百般折磨，横挑鼻子竖挑眼，两人如情敌一般。

我中学时读语文课本里的《孔雀东南飞》时，对文中的人物焦老太太恨得牙根疼。焦仲卿的母亲形象在封建社会是比较常见的，只不过焦母对儿媳刘兰芝表现得过于挑剔而已。

婆媳之间出现矛盾时，儿子或丈夫在哪里？这个男人常常逃离现场，留下两个女人对战。婆媳关系看似不关儿子的事，其实母子关系才是婆媳关系和谐的关键因素。

从这个角度而言，世界各国都在不断上演一个个家庭悲剧：一个男人毁了自己的女人；女人因为无法填补情感的空虚，让忠诚守护自己的儿子承担了部分丈夫的角色，结果又毁了儿子的人生；儿子成年后，因为承担着母亲“情感丈夫”的角色，所以无法给自己的女人完整的爱，这样又毁了自己的女人……于是，新的轮回又开始了：男人毁女人，女人毁儿子，儿子再毁自己的女人……

## 如何避免类似的悲剧重演

儿子天然地认为，妈妈最爱的人是自己，他开始有意无意地排斥父亲，并且一旦发现父亲和母亲有亲密的举动时，儿子会尝试着把父母分开。有的男孩自己和妈妈睡大床，不许爸爸睡大床。父母常常会觉得好玩，不跟小孩子一般见识，爸爸一个人睡，倒落得清静。母亲看着依恋自己的儿子，也觉得幸福满满。

女儿是父亲前世的小情人，每次女儿问爸爸“你喜欢妈妈还是我”时，爸爸就逗女儿：“我喜欢妈妈。”女儿噘着嘴生气地走开了。爸爸赶紧过来哄女儿：“当然是喜欢我的宝贝女儿啦。”女儿听后，得意地望着妈妈。

父母这样的行为其实阻碍了孩子成功进入三角关系。因为女儿和父亲排斥母亲，儿子和母亲排斥父亲，这两者的本质是想继续待在二元关系里。那么，父母应该怎样做才能避免这样的情况发生呢？

**第一，母亲要让儿子知道，自己最爱的人是丈夫；父亲要让女儿知道，自己最爱的人是妻子。**

在儿子三四岁时，我们之间有过一次对话。我问儿子：“你认为妈妈最爱的人是谁？”儿子脱口而出：“当然是我啦！”我说：“不对，我最爱的人是爸爸！”儿子听后迷惑地看着我。我继续说：“爸爸最爱的人是我。”儿子有些失落地看着我，像是没有回过神一样。我又补充道：“但是我们都爱你。”儿子听后变得释然了。

父母要让孩子知道，他与父母任何一方的关系，永远无法超越父母之间的关系。这时，他就自然转向家庭之外去寻找类似父母之间那样的亲密关系，这也是孩子性心理健康发展的必经过程。然而，在现实生活中，常常出现亲子关系超越夫妻关系的现象，这对于亲子关系和夫妻关系都是不利的。

夫妻关系在家庭中永远是第一位的，这是一个家庭稳定、健康发展的关键所在。如果将夫妻关系和亲子关系本末倒置，就很可能出现家庭困扰，而孩子往往是首当其冲的受害者。

第二，让儿子看到母亲对父亲的尊重，让女儿看到父亲对母亲的爱。

如果儿子能够看到母亲对父亲的尊重，他就会透过母亲的眼睛看到父亲的力量，这时他就更可能放弃维护母子二元关系，向父亲认同，进而成功进入三角关系。同样，如果女儿看到父亲对母亲的爱，就更可能放弃自己独占父亲的愿望，向母亲认同，然后成功进入三角关系。

当然，这里的三角关系不一定是现实层面的，更重要的是在象征层面。有的家庭虽然父亲存在，但是如果母亲眼中没有父亲，对于孩子而言，父亲根本无法动摇母子之间亲密的关系，这种情况下，孩子就很难成功进入三角关系。

第三，父母一方缺失的家庭，如何帮助孩子度过“俄期”。

对于父母有一方不常在孩子身边的家庭或者单亲家庭而言，虽然现实层面的“三角”是不全的，但父母一方仍然可以帮助孩子在象征层面建立三角关系。

离异带孩子的父亲（母亲），不要把孩子卷入夫妻之间怨恨的战争。如果有可能，要让孩子明白，夫妻之间尽管不再相爱，已经分开，但你们仍然都爱孩子，也允许孩子自由表达对另一方的爱。

配偶离世的单亲父母，应该允许在家里自由谈起离世的一方。单亲父亲（母亲）应该以一种平和的方式让孩子知道，父母曾经很相爱。在这个过程中，孩子透过单亲父亲（母亲）的眼睛去感受离世一方的存在，在心理层面上，缺失的那一角仍然在发挥着作用。

## 03 脏话的力量——为何孩子对“屎尿屁”津津乐道

如果你想让 3 ～ 6 岁的幼儿快速接纳你，不妨和他们傻傻地说些关于“屎尿屁”的“脏话”，这样孩子会很快把你当成懂他们的人，愿意更进一步地亲近你。

留心一下你会发现，孩子们在说“屎尿屁”等“脏话”时，要么兴奋地表达着愉悦的积极体验，要么因为受挫而表达着真实的攻击等负面体验，或者是在嬉戏中以恶作剧的形式对别人进行攻击。

3 ～ 6 岁的孩子对“屎尿屁”如此津津乐道，这与他们所处的发展阶段有很大的关系。就像婴儿围绕“口欲”去感知世界和自己的关系一样，“脏话”就像幼儿情绪的排泄物，借着这个载体，他们体验并发展着自己与世界的关系。

### 对“屎尿屁”的兴奋愉悦，是“生殖器期”孩子的好奇反应

按照精神分析儿童性心理发展的阶段理论，幼儿在 3 ～ 6 岁进入“生殖器期”，即上文提到的俄狄浦斯情结期或恋母期。该阶段幼儿发展的动力来自与生殖器有关的活动，如触摸生殖器，对男女生殖器的差异感到好奇，具有对性的疑问，以及讲与生殖器有关的“脏

话”等。

该阶段儿童的很多愉快体验都与生殖器有关，热衷于说“脏话”则是在语言上的表现。此阶段的大多数孩子，当听到诸如“放屁”“屎”“尿”“臭蛋”之类的词汇时，大多会感到开心愉悦，有的还会笑得前仰后合，甚至有种压抑的兴奋感。

一般而言，男童在一起玩时，这些词出现的频率比较高，说完还会伴随着大笑。虽然女童说得相对较少，但她们并不排斥这些“脏话”，听到后同样会有笑和高兴的反应。

对于阅读过程中以及成人语言中出现的相关“脏话”，儿童通常也很敏感，容易模仿并尝试着在生活中使用。

## 孩子为何对“屎尿屁”津津乐道

### 第一，“屎尿屁”是孩子意识到的第一个自己的创造物。

成人通常认为大小便很脏，儿童却不这么认为。他们喜欢自己的大便，看着自己的大便，他们不觉得脏，反而充满了成就感。他们会指着自己的大便让成人围观，展现自己拉了很多，就像在展示自己的战利品一样骄傲。儿子有时拉完大便后，对自己很满意地说：“妈妈，我拉的比爸爸拉的还多呢！”

大便是儿童意识到的第一个自己的创造物，这是他们自己从无到有创造出来的，他们能不热爱并感到自豪吗？

### 第二，说“屎尿屁”会引起成人的反应，让幼儿体验到语言的力量。

幼儿许多行为的目的是获得关注，引起成人的反应，而说“脏话”就是其中的一种。幼儿说“脏话”时，通常会引起成人的反应：张大的嘴巴、吃惊的眼神、焦虑的神情、生气的样子、尴尬的表情等。想想看，还有什么能够让成人产生如此大的反应呢?

对于幼儿来说，他们通过说“脏话”体验到了语言神奇的力量。他们会尝试着不断地使用它，乐于通过成人的反应体验自己的影响力。所以，我们常常见到儿童说完“脏话”会咯咯地笑，然后等待着成人出现各种反应。

第三，通过说“屎尿屁”来表达情绪、进行攻击。

当幼儿感受到挫折或不满时，他们会使用“脏话”来表达攻击或发泄心中的不满。他们往往知道自己在说什么，那是在用“脏话”表达情绪。比如，有些孩子在生气时会对妈妈哭着说：“你是个臭妈妈！”

随着幼儿认知能力和语言水平的发展，脏话会出现很多不同的类型。

模仿语言。幼儿没有是非观念，别人说一句骂人的话，他会觉得很好玩，随后也会跟着使用。这种脏话通常不是孩子基于自己的经验创造出来的，只是一种简单的模仿，如“浑蛋”“神经病”等。如果这些“脏话”得到了成人的强化，就容易变成他们的习惯性“脏话”，并在冲突的关系中有选择地使用。

自然而然创造出来的语言。这类语言通常是指孩子基于自己的生活经验创造出来的、觉得好玩的“脏话”，尤其是那些和生殖器直接相关的脏话，如“臭屁”“屎屉屉”“臭死了”“尿你身上”等。幼儿说这种“脏话”通常只是为了体验愉悦的感觉，并非恶意攻击。

## 面对爱说“脏话”的孩子，父母应该怎么办

如果父母理解幼儿的心理发展过程，就会从心理上接纳幼儿，认为这是正常的发展现象。当我们读懂孩子，理解儿童行为背后的心理过程时，父母听到“脏话”就更可能有智慧地进行处理。

第一，简单禁止，可能会强化幼儿说“脏话”的意愿。

不少父母容易从成人的视角去解读儿童的语言，有的父母一听到孩子说“脏话”就很焦虑，担心孩子养成坏习惯，努力想纠正孩子，试图将这种行为消除在萌芽状态。结果，父母越是想纠正孩子，孩子说“脏话”的行为反而越明显。简单禁止孩子说“脏话”，通常只会产生相反的作用，因为这种禁止强化了孩子的行为。

一次，我和儿子各自拿着东西回家，儿子抱着一些相对于他来说较重的东西。邻居奶奶看到后，要帮助他：“哎哟，你怎么拿得了这么多东西呢？”儿子说：“我能拿得动。”奶奶还是好心地走过来，正想伸手帮忙，儿子忽然说：“你是臭屁奶奶！”奶奶听后，显得有些尴尬。我为了表示歉意，严厉地对儿子说：“不许再这样说了，尤其不能对长辈这样说话！”

奶奶走后，儿子坏坏地说：“妈妈，你不让我说，我怎么老想说‘臭屁’呢？”我意识到自己刚才只禁止了孩子的行为，并没有引导他应该说哪些话。儿子想要自己拿东西，奶奶虽然好心想帮助，但那不是他需要的，他表达拒绝并没什么错，只是他拒绝的方式不容易被别人接受而已。于是，

我对儿子说："奶奶其实是想帮助你，如果你不需要奶奶的帮助，可以对奶奶说'谢谢奶奶，我自己可以拿，不需要帮助'，这样会更有礼貌一些。"

又有一次，儿子恶作剧地对不熟悉的人说类似的话。我跟他说："好吧，你如此想说，每天晚上就拿出 10 分钟专门来说'屁'，时间到了才能做别的事情。"儿子立即反驳道："我不要说！"

第二，忽略孩子的"脏话"，有助于减少孩子说"脏话"的动力。

有时孩子说脏话是出于好奇，想看看成人的反应。如果成人理解其背后的心理，就更可能淡化或者忽略孩子的"脏话"，就像没听见一样。这时，孩子可能会觉得没什么意思，从而放弃继续说某些"脏话"。

这里所说的"不反应"，不是说听到孩子说"脏话"以后瞬间沉默，或者装作不反应，这也说明你在反应。真正的"不反应"是就像没听见一样，该干什么干什么。这样，就会减少孩子说"脏话"的频率。

当然，如果孩子在正常的社会交往中对他人说攻击性的"脏话"，家长还是要进行适当的引导。

第三，接纳孩子说"脏话"的欲望，并进行合理引导。

"脏话"既然被创造出来，就一定有其自身的功能和使用的场景，简单绝对的禁止显然是僵化的，家长应根据情况进行灵活处理，让孩子学会判断哪些场合该说"脏话"，哪些场合不该说。

有的孩子被家长禁止说"脏话"后，带着这个僵化的标准，不但自己抑制住想说的欲望，而且听见别人说“脏话”就特别想制止，或者希望说“脏话”的人受到惩罚。他们很容易变成卫道士式的报告者，向老师或家长告状，然后坐等说“脏话”的人受到批评。

父母可以先接纳孩子说脏话的欲望，告诉孩子：“‘脏话’可以说，但是得看场合。如果你和小朋友在一起斗嘴、游戏或争吵时别人说了‘脏话’导致你很生气，这时你也可以说几句‘脏话’来表达你的心情。但是对父母、老师和长辈不可以说这些话，因为这样是不礼貌的。”

儿童通常可以理解父母的话，即使仍然会控制不住地说“脏话”，也会尝试着进行观察和判断，并管理自己的语言，而不是一味地压抑自己。通常情况下，当孩子知道自己表达的需要得到认可时，继续表达的动力就会下降。

## 借助“屎尿屁”，帮助孩子了解自己的身体

儿童对生殖器以及与此相关的活动感兴趣，其实也是对自己身体的一种关注。他们开始把自己作为一个观察对象来看。家长可以利用这个敏感期，帮助孩子了解自己的身体，学会照顾自己的身体。

家长可以用孩子能够理解的语言，生动地告诉孩子大便是怎样形成的、尿是怎样形成的、屁是怎样形成的等。帮助孩子建立吃健康的食物、保持健康的生活习惯、照顾好自己的身体等观念。告诉孩子，屎、尿、屁是人身体的一部分，是我们的朋友，当你好好照顾它们时，身体就会很开心。当你感到口渴时，是身体在向你发出警告：身体缺水了，你喝水后就会觉得很舒服。当大便想要出来的时候，你的

屁屁会感觉胀胀的，这也是身体在向你发出信息：现在需要排出体内的垃圾。你拉完大便后，就会感觉很舒服。

这是帮助孩子学习读懂自己身体的需要，并对身体的信号保持敏感。同时，也是在培养孩子对自己的身体负责任。

一般而言，儿童热衷说“脏话”的现象，在 7 岁以后会逐渐减少或消失。原因之一是此时孩子的性心理发展到了一个新的阶段——潜伏期，这时的儿童对性不再那么感兴趣，而是将兴趣转向外部，去发展各种知识和技能，以应付环境的需要；原因之二是随着儿童认知水平的提高，纯粹的与生殖器相关的“脏话”不再有趣好玩了，甚至看起来有些“傻”和幼稚，因此他们渐渐放弃了这种游戏。

## 04 “耍赖”的真相——孩子为何说话不算数

在养育孩子的过程中，“说话要算数”“答应的事一定要做到”“我们来拉钩”等是父母经常提起的语言。说话算数、信守承诺，本身是应该提倡的美德，不过在与幼儿的互动中，如果把这一信念应用得过于僵化和绝对，往往会产生很多副作用，因为幼儿有着与成人不一样的内心世界。

### “说话算数”是对“言必信”的断章取义

儿子 3 岁左右时，有一次，我答应带他约一个小朋友一起出去玩。后来因为临时有重要的事情不能兑现，我告诉儿子取消约定。儿子失望又很生气地说：“我就要去！”我说：“我知道你很生气，但是大人临时有急事，只能取消这次活动。”儿子不接受这样的结果，说：“妈妈说话不算数。”

我一时无语。是呀，我们不是常常对孩子说“说话要算数”吗？然而，生活总是有变数的，怎么可能事事都按照预期的约定进行呢？不是也有一句话“计划赶不上变化吗”？或许父母是担心一旦在规则上开一个小口，孩子会无限地把这个口子撕大，为了避免开这个小口，父母不愿意放过任何一个教育孩子的机会。

于是，我们常听到父母这样的训话："你不是答应了吗？怎么现在又不同意了呢？""说好了要洗澡的，你又想要赖。""说话不算数，不是我喜欢的孩子。"……作为成人，我们可以体验一下听到这样的训诫之后的感受，一定很不舒服。更何况成人在说这些话时，往往和孩子是对立的，可能伴随着十分严肃或生气的语气。

孩子的这次反击，让我开始思考"说话要算数"这一理念的偏颇之处。查阅了资料后，我发现我们误读了孔子的原义。在《论语·子路》中，相应的原句为："言必信，行必果，硁硁然小人哉！抑亦可以为次矣。"原文大意是不提倡极端的"言必信，行必果"，否则就是固执的小人。这里的小人是指一种较低境界的人，和道德无关。孔子提倡的是"言而有信、行而有果"的中庸之道，这是一种在讲信用基础上的灵活自由的处世方式。

有些父母所信奉的"说到就必须做到，做就一定要坚持到底"，显然是对"言必信，行必果"的断章取义而已。

## "说话不算数"，是因为幼儿很难预测并抽象地思考问题

佳佳看见书上的一辆火车很漂亮，就决定自己用积木搭一辆火车。搭着搭着，他高兴地说："我搭了一个小房子，好漂亮的房子啊！"一边说，一边继续玩积木。过了一会儿，他又笑哈哈地说："看呀，我搭了一个宇宙飞船，'嗖'——飞起来了。"

这是婴幼儿典型的思维特点，专业术语称之为直观动作思维，即伴随实际动作进行的思维，也就是说思维是在动作中进行的，动作开始，思维才开始，动作停止，思维也跟着停止。

佳佳最初的想法是要搭火车，伴随着动作自然的探索，他发现自己搭出了不同的东西，每一次新发现都有惊喜。经过无数次的动作实践和体验，动作模式在大脑里留下痕迹，就会形成更高级的思维形式。

一般而言，2 岁之前的幼儿思维主要是动作思维，上了幼儿园之后，形象思维逐渐发展起来，并逐渐占据主导地位。这也是国家倡导在幼儿阶段不要进行小学课程教学的重要原因，因为游戏才是该年龄段幼儿学习与发展的主要渠道。

对于婴幼儿而言，当他身在 A 情境中时，让他预测在 B 情境中的感受或决定是有困难的。例如，成人常常会说“你同意这件事吗？同意的话就奖励你一颗糖”，这时，幼儿通常都会答应，但实际上他并不明白自己做了一个什么样的决定。有的孩子答应妈妈要去上幼儿园，一路上也很高兴，但一到幼儿园门口，他才意识到自己真的要上幼儿园，这才开始哭闹起来。这都是因为孩子是活在当下的，他们对未来或者没有置身其中的情境很难进行预测和想象。

因此，预测并抽象地思考问题，超越了幼儿的认知发展水平，所以他们所说的话对未来是“不负责任”的。如果父母坚持用“说话要算数”的信念来要求和教育孩子，可能会产生两种极端的情况：一种是亲子之间陷入焦虑和对抗中；另一种是孩子放弃了自我的意志，找到一种简单的方法赢得父母的爱，即服从父母，表现出很乖巧的样子，同时也因为担心自己做不到而不敢许下哪怕很小的承诺。

## 接纳“说话不算数”，孩子能更灵活地面对变化

日常生活中总有无法兑现的承诺，这是很自然的事情。本来打算明天去看朋友，结果有急事推到后天了；周末打算出去玩，但起床时觉得很困，就取消了……这样的事情几乎每天都会发生，我们要学会接纳，这对每个人而言是一个不断成长的过程。

对待孩子也是这样，当我们内心不执着于“必须”的信念时，自然就会创造出更加灵活的亲子沟通方法。比如下面的例子。

儿子：“妈妈，我不想吃红枣。”

妈妈：“你现在不想吃是吗？那等你想吃的时候再吃吧。”

儿子：“好的。”

孩子的状态是不断变化的，如果父母能够看到并接纳这一点，孩子就更能够看到并接纳他人也是不断变化的这件事。

再回到前面的例子中。

我取消了跟儿子的约定，儿子说我“说话不算数”，我对儿子说：“我知道你很想去，现在去不了你有些生气。但是现在确实有事去不了。”

儿子仍固执地坚持：“我就是要去。”

我说：“有一件事你还记得吗？有一次，你答应了豆豆晚上出去玩，但后来因为洗澡时间长，最后没去。还有，你今天不想吃的东西，明天可能又忽然想吃了，你的心情会发生变化，是吗？”

儿子点点头，说：“嗯。”

我接着说道：“所以，其他人和你一样，可能是改变了想法，或者有其他更重要的事情需要处理，所以不能出去玩了。”

儿子即使不乐意，也接受了现实的变数。我发现，当我放下那个僵化的“说话要算数”的绝对要求时，儿子不但比以前更能接受一些变化，甚至开始积极地想办法应对这些变化了，看人也能更加全面。我不禁感慨，父母内心调整一点点，孩子就会产生令人惊讶的变化。

一天晚上，儿子正准备洗澡，一个小朋友来家里玩，儿子想了想说：“妈妈，要不这样吧，先把我的头发洗一洗，这样头发就不臭了，明天再洗澡怎么样？”我很高兴地答应了他，因为他正在学习如何应对生活中的变化，而且解决得很好。

## 偏颇地教育孩子“说话算数”，可能导致孩子没有担当

当父母放下执念的“言必信，行必果”的信条以后，通常能够更加开放和坦然地面对自己做不到的事情。因此，就不需要通过各种方式去掩饰自己，而是更加坦诚地面对自己和别人。如果我们执念于“言必信，行必果”，结果会怎么样呢？

父亲答应给牛牛买一个草莓味的冰激凌，牛牛再三叮嘱，结果父亲随便买了一个奶油味的冰激凌。牛牛一见，生气地大哭起来。其实父亲内心是想“说话算数”的，结果却没做到，但他觉得向孩子道歉会失去威信，要保持自己说话

算数的形象，给孩子树立榜样。于是，父亲说："你不是也喜欢奶油味的吗？我可是特意给你买的奶油味冰激凌。"牛牛听后哭得更厉害了。

父亲轻松绕过了关键问题，反倒把自己的"不在意"说成"特意"，并且把牛牛喜欢的口味粗鲁地改变了。父亲向孩子传递了一个信息：我答应了没做到，但是我不能承认；如果我承认，我就不是一个好父亲或者好人了。孩子可能会获得一个信念：答应了做不到是可怕的，也是不可以承认的。这个案例中，父亲教会孩子的，恰恰是不真诚和没有担当。

面对孩子"说话不算数"的行为，如果是无关紧要的事情，父母没必要过分较真地论个高下对错。如果是紧要的事情，父母一定要进行自信的管教。比如，跟孩子说好下次生气时不能动手打人，如果孩子控制不住又打人，父母要做的不是强调孩子"说到没做到"，而是温柔有力地握住孩子的手，告诉他："不可以这样，如果你很生气，可以尝试说出来。"如果孩子走到幼儿园门口马上反悔，不愿意进去，父母不必执着于他是否说到做到，此时可以温柔并坚决地让孩子知道："上幼儿园就像父母上班一样，不应该讨论是否想上的问题，而是一定要去上。"

世间万物，变化是永恒的主题，万物当然包括人的心情、选择、计划等。允许此刻和下一刻不一样；允许心情如海水一样，时而沉静，时而汹涌。这样，我们就可以更加自由地感受当下和做出选择。

允许变数发生，你就会放下对结果的执着，变得更加有担当；允许变数发生，对自己和他人是一种真正意义上的宽容，也是人生的一种至高境界。对待孩子，亦是如此。

## 05 用故事滋养孩子的心灵

天底下所有的孩子都爱听故事，孩子可能会忘记父母说教的道理，却会记住故事。孩子在听故事的同时，也在体验着故事中人物的情感，并不由自主地认同某一个角色，然后融入这个角色的情感里，选择自己所认同的行为。

多数父母日常讲的故事，大多是“别人”的故事。当然，一些深入人心的普世经典故事，温暖着一代又一代人的心灵，是所有孩子童年时代共同的精神食粮。

其实，你可以像专门做一道菜喂养孩子的胃一样，为你的孩子亲手“烹制”故事，去滋养孩子的心灵。这些故事因为是你创作的，所以带着你的味道和气息，属于你和孩子之间独特的语言。这些独特的语言能为亲子关系带来很多有趣的互动，就像一种密码一样，向孩子传递着无声的爱和生活体验。

### 爸爸自制的故事是我童年最美好的记忆

我的家乡地处中原，以农耕为主业。20 世纪 70 年代末的中国农村，几乎解决不了温饱问题，孩子们很小就要参加农业劳动。儿时的记忆中，我除了要下地拔草喂牛、马之外，做得最多的，就是在秋收的晚间，与家人围坐在一起，把收回家的玉米剥掉皮，留个“尾巴”，然后像女人编麻花辫一样，把许多玉米编在一起，然后挂在墙上、房顶上、矮树上等。重复剥玉米的工作本身就无聊，加之是晚间，那时的我常常会困得撑不下去。这时，最提神的就是听爸爸讲故事了。爸爸的故事总是以“且听下回分解”结束，结局也总在一大堆玉米都被剥完皮后才出现。我当时还觉得奇怪：故事讲完了，玉米也剥完了，为什么这么巧？后来才知道那些故事都是爸爸自己编的，当然是想什么时候结束就什么时候结束了。

中原的男人传统上不怎么照顾孩子。生活在一个大家庭里面，爸爸对我们直接的照顾更少，我在童年和爸爸之间的联结主要就是故事。随着时间的流逝，这些故事的内容大部分都被忘却了，只留下一些片段，但是故事带给我情感和心灵上的滋养却一直都在，那是亲情和爱的联结。

有了孩子后，我偶尔和爸爸提起儿时讲故事的事情，爸爸自己并不觉得那是多么重要的一件事，甚至对我还记得这些感到很意外。但对于我而言，那些故事却给我的童年插上了想象的翅膀，开辟了生活之外的另一个世界。

爸爸是在无意间做了这件事，我何不有意识地去做一个“故事烹制者”呢？

## 故事知道怎么办

从儿子能听懂大人的话起，我就把儿子的日常生活经验当作“食材”，把希望孩子获得的世界观、人生观和价值观（细细品味一下，所有的教育几乎都是三观教育）像佐料一样掺进去，专门为孩子“烹制”的故事就成形了。这些故事有的精致，有的粗糙，有的好玩，有的变成了生活的脚本，有的讲完就再也记不起来，这些故事承载着爱、愉悦和希望，成为我们交流的一个重要载体。

随着儿子渐渐长大，我们之间会出现一些亲子冲突，这时通过直接的方式进行沟通不但无用甚至会起反作用。尤其是当我烦躁心急的时候，我跟儿子之间就会引发一场正面战争。当儿子嗅到我欲纠正、改造或控制他时，为保持自己的独立性，他专门和我对着干，有时甚至直接宣告：“你越是这样说，我就越不做。”搞得我哭笑不得。

正面冲突和直接对抗在亲子互动过程中是很自然的事情，然而，如果冲突太多、太激烈，父母就需要停下来进行反思。静下心来，我就自然地求助于故事了。

不管我们在什么样的情绪状态下，我只要说：“儿子，妈妈给你讲一个故事，好不好？”儿子就会开心或者故作娇嗔状、假装不情愿地偷笑着凑过来。于是，带着我自编的故事，我们一起走进故事，共享着故事中人物的心理和情感，影响就这样潜移默化地发生了。这种影响不仅是指故事对孩子的影响，也是指对我的影响。因为在编故事和讲故事的过程中，由于自己置身事外，往往能够看清很多自身的问题，有更多的觉察。因此，“烹制”故事不只能给孩子带来好处，也能促进父母自身的成长。

下面是一些我曾经尝试过的记忆深刻的故事。

## 断奶的故事：“狮子王历险记”系列

断奶是每个吃母乳的孩子必经的成长过程。吃母乳的过程如此美好，以至于断奶是如此痛苦，不仅对孩子，许多时候母亲也难以承受断奶之痛。

断奶可以成为孩子的创伤性体验，也可以成为孩子成长的契机。我儿子因为断奶时稍大些，可以进行语言沟通了，因此我自编了《狮子王历险记》，像我爸爸给我们讲故事一样，每晚一集讲给孩子听。在故事的支持下，儿子像小狮子王一样成功断奶了。

故事脚本大致如下：

> 小狮子王生下来后没有牙齿，只能吃奶。后来，他慢慢长出了牙齿，开始品尝天下的美味。再后来，小狮子王慢慢长出了更多的牙齿，能够吃更多的美味，不用吃奶也可以吃饱了。这时，妈妈告诉他要断奶了，因为断奶就说明他已经长大，可以出去探险了。随后，在探险的路上发生了各种有趣的事情（这中间有很大的空间可以自由发挥）。

把断奶与成长和了解外面的世界联系起来，赋予断奶应有的成长意义，孩子虽然经历了断奶的痛苦，但同时也是一次正面的心理体验。

## 真正的爱和诅咒的爱：使用你的手脚，才能让你变得更强壮

孩子还不会独立做事之前，往往更愿意做，一旦学会后，反而不愿意再做了。

我儿子会自己穿衣、穿鞋后，有段时间希望我来给他穿鞋、穿衣服、抱他走路等，我如果不同意他就哭闹。在孩子的心中，这些以前父母帮自己做的事情，在自己会做以后，父母就不再帮忙，孩子会觉得父母不爱自己了。如果父母同意帮他做这些事情，孩子就会感觉自

己是被爱着的。所以，他们才会有这样的要求。

于是，我自编了一个魔幻的故事：大地母亲与爱的诅咒魔王。

故事脚本大致如下：

有一天，大地母亲（这个角色是我和儿子在生活中创造出来的，她是创造万物的神，地上的万物都是她的孩子）睡醒后，发现好多家庭的孩子都不见了。大地母亲一猜，准是那个爱的诅咒魔王干的。于是，她幻化成一个小姑娘，去找魔王。魔王把这些孩子偷过来，是为了满足自己照顾孩子的需要，孩子想要什么他都会满足，但是这些孩子就是不能活动，只能坐着或躺着，由魔王来照顾他们。这样，由于孩子的小手和小脚长期不用，好多事情都不会做了。

大地母亲经过和魔王的较量，把孩子们解救出来，并施了魔法，让孩子们回到被偷的年龄，然后把一天当成一年，让孩子们自由地活动，自己学习穿衣、吃饭和走路。几天后，孩子就长到了现在的年龄，他们使用手脚做事情，变得能干和强壮起来，也变得更聪明了。然后，大地母亲在夜间用一条魔毯把孩子们裹着，趁孩子们睡着时，悄悄地把他们放到父母的床上。早上，父母发现丢失的孩子健康地出现在床上，高兴极了！

儿子津津有味地听着故事，起来就要求自己穿衣服。后来，他要赖的时候，我只要说："好呀，我是爱的诅咒魔王，这正是我想要做的，哈哈哈。"他就会一边咯咯笑着，一边抢着自己做。

### 情绪管理故事：小熊的情绪朋友

这个故事的目的是帮助孩子理解和整合情绪，让孩子认识到积极情绪和负面情绪都是我们的朋友。

快乐的小熊出现时，小熊就变成了快乐的小熊；伤心的小熊出现时，小熊就变成了伤心的小熊；生气的小熊出现时，小熊就变成了生气的小熊……但这些不同情绪的小熊都是小熊的好朋友，也都是属于小熊的。通过这种情绪的角色化，帮助孩子理解自己的情绪，也能够认识到负面情绪是自己的一部分，从而能够更好地接纳自己。

给儿子讲了这个故事之后，当他出现情绪对抗时，他会说："现在我生气的小熊出来了。"我就会说："妈妈也有生气的小熊，耐心的小熊快来帮忙啊！"帮助孩子理解他人的情绪，这样情绪就变得可以接受并能被恰当地处理了。

## 定制故事里安放着孩子的经验和童年

如果要专门为孩子定制故事，并且为某一个任务而创作故事，可以围绕一个核心信念展开。故事材料可以以孩子的生活经验为基础，放开想象。有时也可以邀请孩子一起来创作，让孩子猜测接下来可能发生的事情。

给你的孩子创造一个属于他的故事吧，故事内容会随着时间而被孩子淡忘，但故事中的信念则会长久地影响着孩子的思维和行为方式。借由故事的亲子互动会变得有趣而丰富，尤其是讲故事时跟孩子之间那种暗语式的心照不宣，最好玩和温暖有爱。而最重要的是，与故事相联结的情感，会以别样的方式滋养孩子未来的生命。

# 06 家族故事让孩子更好地实现自我认同

心理学家通过调查发现，那些对于家庭传承了解比较多的孩子，其适应能力会更强，这意味着他们更擅长缓解压力。

对家族历史知道得越多，我们就越有控制自己人生的意识，自尊心就越强，也就越相信自己的家庭更成功。为什么家庭历史会影响我们的表现呢？答案就在于，家族能够给我们提供更多心理上的归属感，即我们是属于某一个家族的感觉。

这一点跟中国人注重家族传承的文化尤其契合，家族信念占据着核心位置。看看春节期间亿万人千里回家团圆的盛大文化仪式，就知道家族在我们心理上的意义了。

## 对家族的认同与归属感，会影响个人的自我认同感

在一个心理团体成长小组中，一位组员说："我常做一个梦：总是找不到家的感觉，像个无家可归的人一样四处游荡，醒来后感觉很空虚。"他的祖籍在南方的一个农村，父亲经过努力打拼在北京安了家。小时候，通常是爷爷奶奶来

北京照看他。他小时候跟着父亲回过一次家乡，但现在对家乡已经没什么记忆了，爷爷奶奶也已去世。

团体在分享讨论时，咨询师提到了家族认同的议题，这位组员受到启发，决定抽空回老家看看，给爷爷奶奶上坟。没想到，这一行动让30多岁的他感触很多。当站在爷爷奶奶的坟前时，他感觉自己像是找到了家。他想象着自己和这块土地的联系，感觉到自己是属于这个大家族的，因此心中变得格外踏实和平静。神奇的是，自从给爷爷奶奶上坟之后，他再也没做那个无家可归的梦。

看来，他的自我找到了安放之处，他找到了自己的根，找到了与世界最初的联系。

## 了解家族故事，帮助孩子认同祖先的优秀品质

公公在世的时候，曾经讲过祖上传下来的一个故事。某朝某代，祖上曾是一名武状元，遭到恶人陷害被抄家。当时忠诚的管家为了保全主人的家族血脉，偷偷携状元的两名幼子出逃。逃到黄河附近时，为了安全起见，把两名幼子分开放到不同的地方寄养。其中一子便是公公的祖先。

我把这个故事经过加工讲给儿子，儿子不只听得津津有味，那种油然而生的自豪感更是令我动容。他举起自己的小胳膊，在我面前晃了晃：“妈妈，我是不是也一样厉害？”我说：“那当然了，因为你是英雄的后代，你的身体里流着英雄的血啊！”

儿子特别爱听家族故事以及我和先生小时候的故事。有一天，儿子说："妈妈，你再给我讲些姥爷小时候克服困难的故事吧，那样可以帮助我克服困难，增长勇气和信心。"（这些话是他从一些故事中听到的，他其实并不太明白这些话真正的意思，但可以用到合适的地方。）我当时真的被惊到了，因为他说出了心理学家的研究结果。

## 家族故事可以帮助孩子与世界建立联结

现在的孩子拥有丰富的物质生活，但同时他们缺少精神上的皈依。晚育、核心家庭的结构等因素结合在一起，使父母在养育孩子时有着很多前人没有的焦虑，客观上使得在孩子成长的过程中，真实自然的人际互动和联结变得越来越少，与宇宙在象征意义上的联结感也被人为地切断了。

以前的孩子可以听老人讲述祖上代代相传的故事。春节时去家族的祠堂里拜祖，那一张写满名字的家谱图，承载着家族的传承；节气时去上坟，那一个个每年添新土的坟头下，安息着爷爷奶奶、太爷爷太奶奶等，他们都与我们有着紧密的关系。我们正是通过与祖先的精神联系，与这个宇宙建立联结的。在这种跟自己有关的故事和体验中，我们感受到自己是这个宇宙中的一员，感受到神性的光芒。这与迷信没有关系，恰恰是人类在精神上找寻自我的路径。

儿子从未见过他的爷爷。一次，小朋友们一起吹嘘自己拥有什么时，儿子发现自己有奶奶但没有爷爷，就问我："爷爷呢？"我告诉他，爷爷已经去世了。他问："那他现在在哪里？”我说：“爷爷安息在地下（儿子在老家看见过坟墓，知道坟墓里面埋着去世的人），就像树叶离开大树，回到大地母亲的怀抱一样。但他的灵魂和我们的祖先，也就是爷爷的爷爷、太爷爷等住在一起。在天上那颗最亮的星星上，他们能看到我们，我们却看不到他们，祖先爱着我们，他们一直都在守护着我们。”

家族是我们民族深层心理的信仰，就像西方世界信奉基督教一样——人在世间是孤单的，但天上的神父可以给我们提供庇佑。我们的信仰不在天国，而在现实的家族中。基督教徒通过上帝，我们通过祖先与宇宙产生精神上的联结。

## 家族故事可以帮助孩子建立自信

滋养我们精神和心灵的文化以及一些仪式（比如民间的丧葬仪式，在特定的时间哭故去的亲人等，非常符合丧失亲人时人们哀伤的心理恢复过程），由于不符合西方的现代化标签，正在被我们一点点地丢弃和破坏。

分析心理学的创始人荣格曾经说过一段话，大意是：西方文化是科学，但是我们不能认为自己是科学，就否定其他文化的科学性。东方文化是另一种关于人与自然、人与世界关系的更奥妙的科学。他还说，未来的世界需要东方文化，没有东方文化就不可能解决现在人类面临的发展难题。

近些年我常常发现，那些被我们扔掉的东西，别人拿走后像捡到了宝贝一样，我们才发现：咦，原来自家的东西是宝贝啊！由于缺少文化上的自信，我们的选择和决定往往相互矛盾，不能成为体系，让人不明就里。

一个人缺少自信，就会逐渐失去独立思考和判断的能力。那么，人的自信从哪儿来呢？我认为至少要对自己的家族感到自信。不管你是出自寒门还是权贵，你都可以有家族的自信，关键在于你如何去解读家族的精神。自信不是狂妄自大、认为自己天下第一，而是不管你的境况如何糟糕，你都不会放弃自己。所以，被流放的王族会重振大业，是因为他相信自己是王者，至于最后能不能成大业并不重要，重要的是他在为之努力，从来没有自暴自弃过。

对于人类而言，母亲更难的不是爱孩子，而是在孩子成长需要时，能够忍受痛苦和焦虑，适时地放手。谁能说这样的爱不伟大呢?

CHAPTER 9

# 帮孩子顺利度过幼儿园时期

## 01 宝宝入园，妈妈先过分离焦虑这道关

每逢孩子入幼儿园的季节，在各个幼儿园大门前或教室门口，就开始上演一幕幕母子离别的情景：一边是宝宝哭得撕心裂肺，不停地喊着“我要妈妈”；另一边是妈妈在老师的催促下，强忍泪水放开孩子的手扭头离开，但还是忍不住在幼儿园外徘徊，希望看看宝宝什么时候能平静下来……

对于宝宝来说，上幼儿园是他第一次离开家面临新的环境，开始全新的集体生活，这无疑是一次重大的生活变化，也是一次获得成长的机会。事实上，能否顺利入园不仅考验着孩子的适应力，更考验着父母是否做好了心理准备。

### 不要向宝宝传递上幼儿园的痛苦

在宝宝入园之前，很多妈妈虽然心生焦虑，有着种种的不舍、担心和不安，但都会掩饰起来，而是给宝宝描绘一个好玩、有趣、让人流连忘返的幼儿园场景，宛如商场里的游乐场一般。但在这些诱惑语言的背后，难以掩饰的却是妈妈内心的焦虑。哪怕妈妈说得天花乱坠，宝宝还是能用澄澈的心灵感知妈妈内心真正的想法和情绪。如果

妈妈没有做好心理调适，孩子的入园适应过程就更容易遇到困难。

## 妈妈的分离焦虑会传递给孩子，让孩子形成畏惧感

妈妈和孩子不一样，她有着丰富的分离经验和感受。当孩子 3 岁左右即将离家上幼儿园时，妈妈一想到这件事，就会体验到焦虑和痛苦。作为母亲，这样的体验是很自然、很正常的。然而，如果妈妈想当然地以为孩子也一定会体验到这种痛苦，就会通过语言、行为等微妙的方式把这些感受传递给孩子。

妈妈小时候与母亲分离的心理体验深深地印在脑海中，随着年龄的增长，虽然这种痛苦的感受逐渐被遗忘，却隐藏在内心深处成为一种潜意识。当孩子将要与妈妈分离，或者要到一个新的环境中去时，就唤醒了妈妈的这种潜意识，她曾经的体验自然会浮现出来，使妈妈重新体验到曾经的痛苦。这时，妈妈会把这种感受也当成是孩子的，认为一提上幼儿园，孩子也会像自己一样感到难受和焦虑，这种焦虑会自然地传递给孩子。

宝宝的语言和思维虽然还不够成熟，却是天然的情绪感受专家，他能非常敏锐地感受到来自成人尤其是妈妈的情绪。

> 我记忆中有一次非常深刻的体验。儿子 1 岁左右时，在床上愉快地爬着，我越过孩子看到窗外刮起风，好像要下雨了，就想起晾在外边的被子。我想当时我的脸上一定出现了担心和吃惊的表情，儿子非常迅速地从床的另一边爬向我，表现出惊恐的样子，我们母子之间的情绪几乎是同步的。这让我明白，当孩子幼小时，妈妈任何的起心动念几乎都逃不过孩子的眼睛。

## 妈妈过分美化或妖魔化幼儿园，都会增加孩子的焦虑感

当妈妈体验到焦虑和痛苦的分离感受时，通常不是去观照自己的感受，而是通过开导孩子去获得一种虚幻的控制感。

有些妈妈体验到分离焦虑时，出于帮助孩子减少痛苦的想法，她会向孩子描述幼儿园的美好，诸如“幼儿园有许多好玩的玩具，还可以和大家一起做游戏”之类的话。

有的妈妈则相反，会把幼儿园妖魔化成一个恐怖的地方。比如，因为担心孩子在幼儿园不听话，会说一些威胁孩子的话，诸如“到了幼儿园要听老师的话，不然老师就不喜欢你了”等。有的妈妈还会吓唬孩子，如“你再这样，让幼儿园老师收拾你，你在家没几天好日子过了”等。

这些不客观地将幼儿园描述得过于美好或过于吓人的说法，都会对孩子造成消极的影响。把幼儿园描述得过于美好，传递的潜台词是“你是一个脆弱的、离开妈妈难以适应新生活的孩子，因此你肯定很难适应幼儿园的生活，所以我只能说好的方面，并且夸张一些”。而把幼儿园描述得过于恐怖，传递的信息是“幼儿园是一个恐怖的地方，你要听老师话，在幼儿园要乖一些”。

妈妈们不妨体验一下，如果一个孩子听到自己最信任的母亲说的这些话，并感受到其中潜在的信息，他对幼儿园生活怎么可能很快适应，并喜欢上幼儿园呢？

另外，孩子入园后，很多妈妈常常会说一些提示性、重复的语言或问题。如早上送孩子上幼儿园时，孩子还没哭，妈妈就提示说“今天不要哭啊”；接孩子时，忍不住会问“今天又哭了吗”“和小朋友打架了吗”等。这些提示性的问题常常会导致孩子把那些与问题相应的

行为保留下来，因为如果孩子没有哭或打架等，就好像不应该似的。

### 妈妈的“慢送快接”等行为，都在传递着逃离感

行为是情绪或观念的外化，妈妈的内心是怎样感受的，就会通过行为呈现出来，并传递给孩子。比如，孩子早上入园时，妈妈因为担心孩子，常常会趴在教室的窗户上看，有时还隔窗指挥孩子，表现得难舍难分、一步三回头。这样做反倒让分离变得更加困难，让孩子的情绪一再被激起，孩子沉浸在分离的痛苦情绪中，不能很好地融入当下的环境。

另外，孩子看到妈妈的不开心和痛苦，很难不去操心或放下不管。如果他看不到妈妈开心和放松的表情，自然无法对新环境感兴趣，因为他一定会潜意识地想办法重新回到妈妈身边，以照顾妈妈的情绪。他想的办法通常使他无法在幼儿园过得很好。这就像你看到自己最亲爱的人不开心，就无法去享受生活带来的挑战和乐趣一样。

再者，下午接孩子时，幼儿园的大门一开，接孩子的家长拼命挤到前边，争取第一个把孩子接走，生怕孩子因此而失望。家长想早点儿见到孩子的心情可以理解，但这种急于接走孩子的行为背后所传递的信息也会传递给孩子，即我们如此急切地来接你，就像要把你从地狱中拯救出来一样。因为如果父母觉得幼儿园是个好玩、有趣的地方，一定会尽量让孩子在里边多待一会儿。所以，在你眼中尚且想急于离开的幼儿园，又如何能让孩子喜欢呢？

## 宝宝入园，妈妈如何做好心理准备

宝宝入园前后，妈妈调适自己心理的过程，其实也是自我成长的

过程。通过孩子这面镜子，妈妈能看到自己未被发现的部分，当这一部分被看到后，就更容易进行有效的调节。当妈妈自己的内在和谐时，与妈妈的情绪几乎同步的孩子的内心才会更和谐。如果妈妈对孩子入园产生的情绪和看法发生改变，表现在外的语言、行为等自然也会发生改变。接下来，我们将从情绪和认知两个方面探讨妈妈如何在心理上调适自己。

## 要学会觉察、处理自己的情绪

参考萨提亚模式觉察自己的情绪，进而进行区分：这是现实的提醒，还是自己的经历所带来的情绪？允许自己有各种情绪，并尝试了解情绪的来源，接纳自己本来的样子，一旦接纳了自己，就可能解放压抑的那部分情绪，将其转化为生命的活力。

第一步：先觉察情绪。觉察自己的情绪状态，意识到自己当下的情绪感受，这一点很重要。因为有的妈妈明显很焦虑，但她却否认自己的焦虑。妈妈如果否认了自己的情绪，就不可能真正进入自己的内心。因此，妈妈要尝试着去觉察自己的情绪。比如，出现心跳加快、胸口发闷、手心出汗、消化不良等现象，都可能是情绪焦虑的信号，我们对这些信号保持敏感，就可以觉察自己的情绪。

第二步：区分情绪来源。区分当下的情绪来自哪里，是来自过去的经历，还是现实的环境的确让人焦虑。如果妈妈面对孩子入园产生的焦虑情绪是自身的，可以告诉自己："这个情绪是我过去的经验造成的，不是孩子的感受，现实不是这样的。"通过这样的方式来分清现实和幻想的界限，一般就不会再通过控制孩子来缓解自己的情绪。如果这种焦虑来自现实，那么焦虑情绪是在提醒你有危险，可以帮助你保持高唤醒水平，以准备进入战斗状态。比如，有的幼儿园确实有一些违反师德的行为，对孩子造成了伤害。作为妈妈，我们要对一些异样的信息保持敏感，以便及时保护孩子。

**第三步：允许自己有各种情绪。**相对于父亲而言，母亲在生物学意义上跟幼儿需要 24 小时、全覆盖、无缝隙地对接，以确保幼儿生存下来。母亲的焦虑本身是善意和适应性的，它可以提醒母亲有危险，从而使母亲调动资源进入保护幼儿的模式。因此，要允许自己有焦虑情绪，因为这是母亲角色天然产生的。如果我们允许自己有焦虑等负面情绪，就会减少消火负面情绪的动力。允许自己静静地体验情绪，没有批评、没有责难，只有自然地舒展，经历痛苦的过程会让我们真切地感受到自己的力量，从而慢慢打开自己的内心，获得更多的自我了解和觉察。

**第四步：接纳和转化。**当我们全然接纳自己本来的样子时，我们的生命就会更加舒展。尽管生命并不完美，但它一定有活力。比如，我不完美，但我是鲜活、真实的；我没有给孩子提供富足的物质环境，但我仍然可以快乐地享受亲子关系；我没有出众的美貌，但我仍然可以美美地打扮自己；等等。

当真正地接纳自己后，被压抑的那一部分情绪被解放出来，就会转化成活力注入我们的生命。当我们否认和压抑自己时，比如认为“我做得太差了，我真是失败”，就会觉得做什么都提不起精神；而当我们接纳自己时，即使面对失败，我们也会有更加积极的态度，比如去总结通过这次经历学到了什么，这样做事时就会更投入，也更有效率。如果孩子有一个不完美但自信的妈妈，那么他在遭遇生活中的不完美时，就能以积极健康的心态去面对。

## 为分离的焦虑和痛苦赋予积极的意义

妈妈都希望自己的孩子一帆风顺地长大，最好不要体验痛苦就能成才。然而，这只是美好的愿望，现实中，孩子只有经历痛苦才能获得更好的成长。

孩子成长的过程，其实就是一步步离开家走向独立的过程。孩子借由离开家这一客观事件，增加了在精神上走向独立的可能性。这一点在动物界也可以看到，母兽在幼崽成年后残忍地将其赶离自己，迫使幼崽到更广阔的天地中成长为更有力量的个体。对于人类而言，母亲更难的不是爱孩子，而是在孩子成长需要时，能够忍受痛苦和焦虑，适时地放手。谁能说这样的爱不伟大呢?

回忆一下，孩子刚学会走路时，是不是不让大人牵着?再大些时，他是不是经常拒绝你的帮助，说“我自己来”?这些都表明，与父母分离并走向独立，正是孩子成长的需要。因此，当妈妈悲伤地体验分离的痛苦时，请告诉自己:“分离是孩子成长的需要，我要和孩子一起面对，这对于我也是一次成长过程，为自己加油！”

入园是孩子第一次离开家庭开始集体生活，因此必然会产生焦虑或痛苦。今天我们跟孩子共同体验分离的痛苦，就能让孩子学会在未来独自体验更深切的痛苦。况且对于孩子而言，今天的分离是生命自身成长的需要。相信每一位爱孩子的妈妈，都不愿意将自己的爱变成阻挡孩子成长的障碍。

只有妈妈自己做好了心理准备，表现出更轻松的心态、更自然的行为，宝宝才可能更顺利地入园。而愿意上幼儿园，则是宝宝开启快乐幼儿园生活最重要的一步。

## 02 妈妈这样做，让孩子爱上幼儿园

对于宝宝即将入园或正在上幼儿园的妈妈而言，网上流传的那些有关幼儿园的负面新闻，会瞬间动摇她们对于世界的安全感。出于对孩子安全的考虑，妈妈们会担心，自己的孩子万一碰到同样的事情怎么办？作为母亲，产生这种心理是很自然的。然而，如果任由这种担心泛滥，不理性地进行调节，那么无论对孩子还是对自己，都会造成很多负面的影响。

幼儿对世界的认识和解释，主要透过成人尤其是最信任的妈妈的眼睛来完成。有时即使妈妈没有明确表达出自己的情绪和态度，幼儿也能敏锐地感受到妈妈对待他和世界的态度，从而得以初步认识自己和认识世界。

从这个意义上来说，幼儿对待幼儿园的态度，很大程度上映射出妈妈内心深处对待幼儿园的看法。因此，妈妈对幼儿园的态度越积极，孩子就越容易对幼儿园建立积极的感觉，从而更容易适应幼儿园的集体生活。

## 信任幼儿园，帮助宝宝建立对幼儿园的安全感

相信幼儿园，要以妈妈客观考察幼儿园的真实情况为基础，避免让孩子受到传说中那些可怕的伤害。本文在探讨这一点时，是以幼儿园可以信任为前提的。当妈妈相信幼儿园时，孩子就会感受到自己被放到一个妈妈认为值得信任的安全地方，这样更容易帮助孩子建立对幼儿园的安全感。安全感是适应新环境最重要的心理基础，孩子只有感觉到足够安全，才会自由地开始探索和接受新环境。

真实的信任会让妈妈对幼儿园有真实的信心，并且对待孩子上幼儿园这件事会感到比较轻松。通过妈妈的这份信任，孩子可以获得一种“上幼儿园是生活中自然的事，我可以面对”的感受，从而提升自我效能感。

有的妈妈会说：“既然这样，那我以后在孩子面前表现出信任幼儿园就行了。”事实上，如果妈妈内心并不是真心信任幼儿园，那么她举手投足间就会偷偷泄露内心的想法，感受力强的幼儿通常能捕捉到妈妈不经意间传递的信息。

这一点总结为一句话，即“妈妈对幼儿园有信心，宝宝在幼儿园才安心”。

## 建立合理的心理预期，帮助宝宝正确看待幼儿园生活

有的妈妈无法相信幼儿园，往往源于心理标准过高或者不切实际(事实上，妈妈的标准并非完全适合孩子成长)。在选择幼儿园的过程中，她们更容易看到缺点和不足，而忽略优点和长处，总觉得没有哪

家幼儿园能让自己完全满意。

如果你认为老师必须像自己一样照顾孩子：在孩子不吃饭时哄着喂饭，保证孩子不会磕着、碰着，和小朋友发生冲突时不批评孩子……那么你需要降低心理标准。

如果你有过高或者不切实际的标准，就难以找到合适的、值得信任的幼儿园。如果妈妈勉强帮孩子选择了一所幼儿园，之后内心仍然无法接受它，那么孩子就可能透过妈妈的态度，感觉到幼儿园不是一个好地方：老师不管自己、忽视自己、对自己不公正、不喜欢自己等。如果孩子一开始就带着这种负面的体验，之后很难真正地喜欢幼儿园的生活。

孩子到了一定年龄，需要逐渐放下自己"全能"的幻想，需要知道自己并不是唯一的"小太阳"：自己有时可能不被关注，会受规则的限制等，从而慢慢学习为自己负责。只有经历这样的过程，孩子才可能真正获得心理上的成长。

这一点总结为一句话，即"妈妈看到幼儿园的好，宝宝才能享受到幼儿园的好"。

## 适时、真实地流露赞赏，帮助宝宝建立对幼儿园的快乐体验

在儿子上幼儿园之前，有一次，我给我的老师打电话，称对方"俞老师"，儿子正在玩玩具，忽然兴奋地问我："妈妈，是我们的王老师（儿子托班的老师）吗？"孩子上幼儿园后，有一次，我和同事刘老师通电话，儿子听到后很兴奋

地跑到我前面问：“妈妈，是我们班的刘老师吗（儿子幼儿园的班主任老师）？”儿子对老师的喜爱之情让我深感欣慰，同时我也提醒自己注意在孩子面前的言行。

所以，我们不妨借用孩子的敏感有意无意地传递有关幼儿园的积极信息。比如，我和其他妈妈谈起幼儿园时，会自然地表达我对幼儿园的好感：“我觉得中国人民大学附属幼儿园（人大幼儿园）挺好的，我能感受到园长和老师们对幼教事业的热爱，我家孩子很喜欢幼儿园。”“人大幼儿园还有初入园的家长陪园环节，很人性化。”，等等。

我必须强调一下，这是我真实的感受。如果这些说法不真实，我无法控制的那一部分就会出卖我的内心。这种对幼儿园正向、积极的描述，会让孩子带着积极、乐观的心态去体验幼儿园生活。

有的妈妈说话时不太在意，认为孩子还小，不明白自己说的话，因此在孩子面前随便评论幼儿园和老师，这样孩子也会获得相应的信息，从而影响他对幼儿园的态度。比如，妈妈说某位老师很凶，孩子听到后，在幼儿园看见这位老师，很容易把老师的言行解读为很凶，他自己可能也因此害怕老师，或者通过一些行为去试探老师是不是真的很凶。这种情况下，孩子往往能够成功证明老师“很凶”。当然，这些过程通常是孩子下意识完成的。

当然，幼儿园并非完美，如果父母能够保持信任和理解的心态，即使碰到一些问题，也让孩子知道这是不可避免的自然之事，生活并不是完美的，从而坦然接受出现的问题。

你心里怎样看待世界，世界就向你呈现出相应的样子。对于孩子上幼儿园这件事，妈妈怎样想象幼儿园，宝宝体验到的幼儿园可能就是你想象中的样子。

**这一点总结为一句话，即“妈妈对幼儿园越欣赏，宝宝体验到的幼儿园生活就越快乐”。**

所以，想让宝宝喜欢上幼儿园，首先需要妈妈信任、合理期待并喜欢幼儿园。

## 03 做好准备工作，帮助宝宝提前适应幼儿园

宝宝从家庭踏入幼儿园，开始全新的集体生活，绝不亚于一次重大的“文化休克”。“文化休克”，是指一个人进入别的国家或民族，因不懂当地文化习俗，过去的生活经验不但受到了挑战，有时简直成为障碍的现象。因此，新来者需要重新学习，当对这个新环境有了更多的准备和预期时，就逐渐开始融入新环境，久而久之，甚至可能变成一个当地人。

宝宝入园时产生“文化休克”，主要原因在于幼儿园和家庭两种生活情境的规则有着较大的区别。对于宝宝而言，在家里用哭闹解决问题的方法，到了幼儿园却已然失效：在家里我不吃饭，不但马上有人来喂，甚至还会承诺给我很多好处；但到了幼儿园，如果我不吃饭，不但老师没有马上来喂，还有可能受到批评。这些生活习惯和解决问题方式的重大改变，宝宝都需要逐渐去适应。

面对宝宝的“文化休克”，父母如果事先帮助宝宝对幼儿园的生活有正常的预期和解释，就能让宝宝做好心理准备，尽快适应幼儿园的新生活。

## 预演真实的幼儿园生活，帮助宝宝消除陌生感

3 岁左右的幼儿，可以理解成人的许多语言了。因此，妈妈可以平静地跟孩子谈论幼儿园，告诉孩子幼儿园的一日作息安排。如果能够以孩子喜欢的形式进行演绎，当然更好。

我给儿子讲述幼儿园生活时，选择了他当时最喜欢、最认同的角色——老虎作为主角，编了一个《小老虎上森林幼儿园》的故事：早上到了幼儿园，小老虎开始吃早餐。然后，老师（可以让孩子选择其他出场的角色，比如问孩子："它的老师是谁呢？"）带着许多小朋友（也可以让孩子选择小朋友的角色，比如儿子说"有小熊、小猴子"等）唱歌、跳舞、做游戏。接下来是加餐—玩—吃午饭—睡午觉—加餐—玩—吃晚饭—放学，老虎妈妈来接小老虎，小老虎跟老师和小朋友们说"再见"，然后跟着妈妈一起回家了。在故事中，我把幼儿园一天的生活讲述得生动有趣，让儿子对幼儿园的生活有了基本的了解。

另外，幼儿园生活的细节也可以在故事中呈现。比如，每到吃饭的时候，每位小朋友都坐到小餐桌旁，老师盛好饭发给每个小朋友，或者小朋友排队拿自己的饭。吃完饭，每人去取一张餐巾纸擦干净小嘴巴。再比如，小朋友在幼儿园怎样睡觉、怎样上厕所等，都可以讲给孩子听。

在讲故事的过程中，妈妈可以加入自己的创意，比如夸张的动作、丰富的表情、好玩的道具以及对心理的刻画等，总之要有趣、好玩，孩子听了一定还想听。在一遍遍听故事的过程中，孩子对幼儿园的生活作息就有了初步的感受和预期。

每个孩子表达感受的方式和接收信息的偏好都存在差异。妈妈在向孩子介绍幼儿园生活时，可以根据孩子的特点灵活进行。有的孩子喜欢听故事，故事法就会更有效；有的孩子喜欢通过画画表达自己，也喜欢看图片，那么通过画画和图片相结合的方式介绍幼儿园就更有效；还有的孩子喜欢过家家，采用角色扮演的方式既生动又有趣。还可以自编一些简单的手偶剧，或者给孩子找一些影像资料等，都是不错的方式。

在预演幼儿园生活的过程中，家长们可以自由想象，充分展现自己的创造性，并且要真心投入、乐在其中，要知道，没有哪个孩子会拒绝好玩的游戏。这样，孩子自然就会被带入体验之中。如果家长不能享受这个过程，预演就会了无趣味，对孩子未必能起到积极的影响。

## 事先体验或参观幼儿园，帮助宝宝建立融入感

通常在入园头几天，很多幼儿园都有“家长陪园”这种很人性化的设计，以帮助孩子熟悉幼儿园的生活环境。如果孩子的幼儿园有这种安排，妈妈或爸爸一定要抽空陪园。

如果没有陪园的安排，妈妈可以带孩子选择不同的时间段，实地参观幼儿园的生活，让孩子把预演中幼儿园的样子与真实的幼儿园生活联系起来，以减少对幼儿园的陌生感，把幼儿园生活同化到自己的经验中。

家长在带孩子参观幼儿园的过程中，不要只用好玩的活动器械或玩具吸引孩子，使孩子误以为幼儿园是一个游乐园一样的场所。如果仅止于此，孩子在入园后就会发现，幼儿园并不是当初体验的那样玩

过就可以回家，反倒会造成抵触情绪。妈妈可以把关键点放在老师和小朋友的互动和交往方式中，以及小朋友在教室里进行的活动，把故事中的内容和现实生活自然地联系起来。

## 提前调整宝宝的作息和生活习惯，帮助宝宝提高适应力

通常幼儿园对宝宝的生活习惯、作息等，都有一定的规则和要求。如果宝宝某些重要的习惯与幼儿园的要求有明显的冲突，父母应该提前着手调整。

3 岁左右是个体自我意识第一次高涨的时期，幼儿常常使用“我”来表达需求。为了确认自己，他需要区分自己和妈妈不一样，因此妈妈越让他做什么，他越不愿做什么。因为在幼儿看来，说“不”就可以将自己和妈妈在精神层面分开，不断确认“我”的存在感；如果说“是”，自己就容易被妈妈所掩盖，难以确认自己的独特存在。针对该年龄段孩子的特点，恰当地反其道而行之，常常会收到意想不到的效果。

儿子 2 岁多时，白天不再睡午觉。快 3 岁时，因为家里没有人看孩子，我就把孩子送到离家较近的幼儿园进行日托，但如何让他睡午觉成了必须克服的障碍。

为了让儿子午睡，我把工作做得足足的——把窗帘拉下来，放上轻音乐，讲了一个又一个故事……他还是没有睡意，好像还越来越精神了，我简直崩溃了。一个多小时过去了，小家伙还很精神，看来午睡又失败了。我只好把窗帘拉开，关上音乐，宣告午睡取消。我沮丧地问他：“你是不是

不想在家睡午觉，只想在幼儿园睡午觉？”他摆出一副大老虎的架势，一字一句地宣告说：“是的，我不想在家睡午觉，只想在幼儿园睡午觉。”后来正式上幼儿园的第一天，午睡时他竟然很快就呼呼大睡了。

在与孩子互动的过程中，我们往往容易坚持自认为对的东西，而持续使用无效甚至起反作用的方法，这样不但于事无补，还阻碍了我们体验为人父母的乐趣。所以，当你的方法持续无效时，可以暂时停下来，放弃原来的做法，找到更有效的、更适合自己和孩子的方法。

孩子了解到幼儿园的日常生活，建立起对幼儿园的正常预期，能帮助他尽快适应幼儿园的作息安排，从而能更好地融入、习惯幼儿园的新生活。退一步讲，即使孩子真的不喜欢幼儿园，或者觉得幼儿园的规则和集体生活让自己感到难受，家长也不必苦恼，因为与未知和恐惧相比，这些都是相对可控、能够忍受的感觉，感到难受多半是因为孩子不习惯幼儿园生活造成的。天长日久，等孩子熟悉幼儿园的生活之后，这种难受的感觉自然就会消失。

# 04 提高孩子的人际适应力，从幼儿园开始

孩子所出生和成长的家庭本身就是一个人际系统，它往往保持着相对的稳定性。一旦有新的成员加入，家庭的人际系统和动力就会发生变化，其中的每一个人都可能需要做出一些调整，以重新达到一个平衡的状态。

由于新生儿的到来，双方老人加入了小家庭，使得原来的家庭关系逐渐复杂起来。婆婆说一句无心的话，儿媳就觉得是婆婆对自己不满；儿媳对婆婆养育孩子的方法提点建议，婆婆就认为儿媳嫌弃自己……作为成人，我们对这种人际冲突的解释尚且难免偏颇，更何况是孩子呢？孩子虽然是天然的感受专家，却是个蹩脚的解释者，而这种解释又往往会影响他后续的行为和情绪。那么，该如何从小培养和提高孩子的人际适应力呢？本文从人际结构的变化，以及面对挫折时如何给孩子进行真实合理的解释进行阐述。

## 帮助孩子理解不同人际结构的差异

孩子上幼儿园后，来到一个全新的、与家庭环境很不一样的人际系统中。在这个新环境中，他是如何看待其中的人际结构的？他在其

中扮演着怎样的角色？相信每个孩子都在用自己的方式寻找存在感。

常常听到有妈妈说“最近孩子不愿意上幼儿园”，接下来就怀疑孩子是不是在幼儿园发生了不愉快的事，是不是被老师批评了等。我们且不去讨论到底发生了什么事，先从孩子的视角去体验他。他可能做了一个解释，如“我在集体里是不重要的，我是不受欢迎的、被排斥的”，原因可能仅仅是一些很小的事情、一句无关轻重的话，抑或只是老师的一个眼神。

孩子的思维是以自我为中心的，他很难站在别人的角度思考问题，但他们却可以经由自己的体验去感受他人的体验。因此，在帮助孩子理解问题时，父母一定要细致地借由他的经验来让他知晓事情的真相，这样能够水到渠成地让孩子得出结论或找到问题的解决办法。

儿子刚上幼儿园时，我有些莫名的焦虑，比如担心幼儿园小朋友多、老师少，儿子得不到及时的照顾等，头脑中总是浮现出各种让我感到焦虑的画面，实在令我无法忍受。

作为一名心理学从业者，我并非总是做得很对或很合理，但我跟普通妈妈不一样的地方在于，当我陷入这种糟糕的感觉中时，我更容易去反观自身，抽身出来看看到底发生了什么。所以，我觉察到这种焦虑的非理性和非现实性，同时也看到这种焦虑产生的部分现实原因，即家庭中和幼儿园中孩子和成人的比例有着巨大的差异。这也是有的妈妈放弃公立幼儿园，选择把孩子送到老师更多、孩子更少的私立幼儿园的原因之一。

理性告诉我，幼儿园的人际结构变化其实是孩子成长过程中必要的经历，他需要体验与家庭不一样的人际关系，他在其中体验到的痛苦和冲突正是成长的契机。父母能做的，是信任孩子、顺应他的心理发展需求，为他提供必要的帮助。这种帮助最好经由孩子自己去实现，而不是通过各种方式让老师额外地关照孩子，这反倒表明了对孩子能力的不信任。

关于幼儿园的人际结构问题，我和儿子之间进行过以下的对话。

我："咱们家里有几个大人、几个宝宝？"

儿子："两个大人、一个宝宝。"

我："幼儿园里有多少名老师，多少个小朋友？"

儿子："3个老师，158（当时儿子觉得这个数字代表很多，其实并不是这个数字）个小朋友。"

我："幼儿园里小朋友多，老师需要更多精力去照顾那些年龄更小的、不能照顾自己的小朋友，所以老师有时可能会照顾不到你，你需要帮助的时候可以告诉老师。"

儿子："我是大哥哥，可以照顾好自己呀。老师要照顾更小的小朋友。"

……

这种对话在我和儿子之间自然地进行过几次，我通过这种方式帮助他理解幼儿园和家庭人际结构的不同之处。当他真正理解这种变化之后，就更能接受自己不再是唯一主角的事实。当遇到相应的人际挫折时，他仍然会难过，但心理上不会轻易地受到伤害，也不会因为小朋友之间的一次冲突、老师的一次批评，就闹着不想上幼儿园。如果他的解释更多地关注行为本身，而不是把所有的结果都解释为老师不喜欢自己，他就更可能自由地表达自己的需求。

## 提供真实基础上的正向合理解释，提升孩子的人际耐挫力

生活中，许多妈妈会对一些问题盲目地进行解释，结果不但不能帮助孩子接受现实、缓和情绪，反而会引起孩子更大的情绪反应，甚至会失去孩子的信任，因为孩子会得出一个结论——你并不理解他。

成人有时为了安抚孩子的情绪，急于进行如下解释："你是一个大方的孩子，你是一个爱分享的孩子。"这种解释如果不切实际的话，只会让孩子感到不被理解，也不利于他自信心的建立。

真正对孩子有帮助的解释，应该符合以下两点：第一，必须是真实的，即符合孩子内心的感受，让他感觉到你理解他；第二，必须是正向合理的。

下面来看一个案例。

妈妈去幼儿园接佳佳时，佳佳一看见妈妈就撇着小嘴哭起来，弄得老师莫名其妙，问他发生了什么事，他只是一个劲儿地哭。这时，另一个小朋友说明了原因：因为佳佳遵守规则，却被不遵守规则的小朋友抢走了玩具。这时，老师才恍然大悟。碍于面子，妈妈试图劝说佳佳："你是大哥哥，把玩具让给其他小朋友玩是应该的。"结果，佳佳感觉更委屈了。事实上，他现在感受到的是愤怒和不公平，至少这次他并不愿意慷慨大方。

成人不顾真实情境和孩子的心理感受而进行不合理的解释，其实

是非常不负责任的。孩子的情绪没有被“看见”，面对成人给他戴上的道德帽子，他又无法准确表达自己的意思，因此除了不公平的愤怒之外，他又增加了不被理解的愤怒和无奈。以后遇到类似的情况时，孩子的情绪反应不但强度会增加，感受也会更加复杂和冲突。孩子会对公平变得更加敏感，而过度地追求公平本身又会带来很多困扰。

那么，案例中的妈妈应该怎么做呢？首先，要“看见”孩子此时的情绪。妈妈可以问孩子：“你遵守了规则却没拿到玩具，是不是感觉很生气？”孩子通常会表示认可。然后，妈妈可以通过回应来表达同理心：“我懂，我知道你很生气。”如果孩子的情绪被“看见”，可能不是马上好转，反而会大哭，这种哭是一种痛快的宣泄。这时候，要允许孩子哭。哭完以后，妈妈再进行必要的、正向合理的解释。因为情绪释放后，理性才开始工作。妈妈可以从客观层面进行解释，可以尝试还原当时的场面，以便更好地向孩子解释。妈妈使用这样的处理方法，即“看见”孩子的情绪，孩子就更能接纳自己、建立自信，提升应对人际挫折的能力。

另外，通过孩子在生活中的这类体验，以及成人对于此类事情成熟的处理方式和放松的态度，可以帮助孩子认识到，这是生活中难以避免的正常之事，从而减少其受伤害的程度。

所以，父母要学习信任孩子，只要父母心理上能够坦然接受不可避免的正常的人际挫折，孩子就一定可以轻松面对。

是否生二宝当然要考虑大宝的意见，但这样做的目的不是让大宝去做决定，而是基于对大宝的理解，让整个家庭共同做好迎接另一个新生命的准备。

CHAPTER 10

# 生不生二宝，不应该由大宝说了算

# 01 父母是否生二宝，都别让大宝“背锅”

自从“全面二孩”“三孩”政策放开以来，我们看到的不只是迎接二宝、三宝的喜悦，还有因为家庭新成员引发的家庭悲剧。曾经有两个比较极端的新闻事件：一个是因为大宝极力反对父母生二宝，并以死相逼，母亲含泪堕胎；另一个是大宝与母亲关系不好，母亲怀二宝，大宝不同意，母亲生气并失控打大宝致其死亡。

这两则新闻在让人震惊的同时，也让我们思考一个问题：到底要不要生二宝？生二宝何以会引发如此严重的家庭悲剧？

独生子女政策下，能不能生二宝是国家说了算，“二孩”“三孩”政策出台后，仿佛要不要生二宝得由大宝批准才能执行。在没有计划生育政策之前，生多个孩子是天经地义、再自然不过的事情，如今大宝的声音变得很重要，甚至变成了决定性因素。这种现象背后的深层心理过程值得我们去探索。

## 父母的纠结：生二宝是一个艰难的决定

“二孩”“三孩”政策放开以来，符合生育条件的父母大致有几种：一是政策落地，马上生育；二是即使符合政策，也决定不生；三是没放开之前特别想生二宝，当政策允许以后，又开始纠结要不要生。

前两种情况的父母敢于做决定，能够为自己的决定负责，生不生二宝对他们而言不是问题。所以，生不生二宝成为第三类父母所纠结的事。

父母想生二宝的动机大致有以下几种：一是觉得一个孩子太孤单，想给孩子生个伴儿；二是希望儿女双全；三是喜欢孩子，想多生几个；四是由于第一个孩子有某些方面的缺陷，想再生一个健康的孩子。然而，在现实面前，父母生二宝不得不考虑各种可能的限制因素。养育压力一般是决定生不生二宝最关键的因素。

除了经济压力外，生二宝还意味着家庭结构的变化。新成员的加入，必然会打破原来家庭相对平衡的状态。父母可能需要放弃部分事业的发展，尤其是母亲，可能还要再被孩子困住几年。没有合适的人帮忙看孩子，需要照看孩子的新成员加入等，都会给家庭带来新的压力，这也是做出选择时不得不考虑的因素。

## 无辜的大宝：被父母当作是否生二宝的决定者

当父母对于生不生二宝摇摆不定时，大宝对生二宝的看法和感受就成为一个重要的影响因素。举棋不定是一种非常折磨人的状态，此时如果能有人坚决地替自己做决定，不失为一件令人期待的事情。而大宝因为天然的同胞竞争因素，有其内在的需求，自然而然地被父母无意中选择为这件事情的决定者。

杨柳是一位职业妈妈，事业正处在上升期，是某大公司的中层管理者。育有一个男孩，刚上小学一年级。她和老公在政策没放开之前，特别想再生一个孩子，这样一方面可以给儿子做个伴儿，另一方面将来自己年老时，孩子们之间可以互相照应。

“二孩”政策放开后，眼看着身边行动早的人，二宝都几个月大了，杨柳还没开始备孕，原因是儿子不同意。

杨柳困惑地陈述道，儿子其实挺乖的，但不知道为什么，唯独对于生二宝这件事，他坚决反对。孩子的理由是，如果再生一个孩子，妈妈就没有时间管自己，家里会很吵，自己的东西会被小孩子抢走，自己在家里会没有空间等。

其实杨柳在二孩政策落地之前，已经给儿子做了很多思想工作。她担心儿子不同意生二宝，带着儿子出去玩时，会指着人家的小宝宝说：“看，有个小妹妹多好啊，你可以当哥哥了。”她也会给儿子讲弟弟妹妹会带来哪些好处。然而，儿子仍然坚持自己的看法：“有个小弟弟或小妹妹会很烦人，我同学说过，他们家就是这样。”看到孩子如此反对，杨柳只好暂缓生二宝的打算。夫妻俩认为要尊重孩子，因此达成一致意见：“除非儿子同意，否则坚决不生二宝。”

这对于大宝而言，承担了一项多么沉重的责任啊！成年后，大宝会不会因为自己幼年的任性而感到自责和内疚呢？

可以猜测一下，现在大宝尚且年幼，需要依赖父母生活，将来孩子长大后，亲子之间如果起冲突时，这件事是不是会自然而然地被提到？父母可能会对儿子说：“当年我们想生二宝，因为你坚决反对，我们才没生。”

## 大宝成为父母潜意识的表达

我问杨柳：“你在给儿子做工作之前，内心是否有个念头：生二宝会给儿子带来不好的影响？”

杨柳说：“是呀，生了二宝，儿子肯定会受到影响，我觉得他所说的那些理由都是站得住脚的，我心里其实是认同的。我给他讲那些好处，带他观察两个小孩的家庭，就是想改变他的想法。结果儿子说：‘别人喜欢那是别人家的事，反正我不喜欢。’”

我引导她去思考：“你带着这样的念头去动员孩子，做了那么多工作，急于说服孩子，会不会用力过猛，反倒让孩子感觉生二宝对自己有坏处？孩子的这种想法有没有可能最初来源于你呢？”

杨柳想了想说：“我本身确实挺纠结的，我也不是特别想生二宝。不过，我们主要是尊重孩子的想法。如果是你，你会怎么做呢？”

我说：“我会了解孩子的想法和感受，但我不会让他来做这个决定，他没有权利也没有义务来决定我们是不是生二宝。”

杨柳笑笑说：“我不会那么强势的，我们比较尊重孩子。”

听了她的话，我头脑里忽然冒出一个想法：孩子是父母潜意识的表达。

母亲纠结于是否生二宝，做这个决定实在太难了。于是，她想向大宝寻求帮助。但在与孩子的互动中，孩子敏锐地捕捉到了这个信息，所以坚决反对生二宝。然后，母亲再努力地摆事实、讲道理，企图说服孩子同意生二宝，但是孩子坚决不同意。

在孩子的坚决面前，父母以尊重的名义顺从了孩子的意愿。通过玩这个心理游戏，父母成功地把做决定的责任交给了孩子。孩子完成了帮父母做决定的过程。但这一切都是在潜意识下完成的，并非父母有意而为。

## 是否生二宝，别让大宝“背锅”

以上的例子，还反映出中国家庭一个特别普遍的现象：人与人之间边界不清晰。

试想一下，如果多年后杨柳夫妇觉得当初应该再生个孩子，当他们感到后悔时，心理上就不用承担当初的决定所带来的后果。他们至少可以这样安慰自己：“当时都是因为孩子不同意，没有办法，只能尊重孩子的意见。如果孩子同意，我肯定会再生一个。”孩子做了本应该由父母做的决定，自然也要为此结果负责。

如果父母无法明确哪些是需要自己做的决定，哪些是孩子可以做的决定，孩子就可能会“被迫”承担自己不该也无力承担的责任。孩子通常会照顾家庭成员的心理需要，但这对孩子而言太沉重了。所以，父母要学会区分哪些是可以让孩子负责做的决定，哪些是父母负责做的决定，要有清晰的边界意识。父母不要替孩子做那些他自己可以负责的事情，当父母这样做时就越界了，这样会逐渐把孩子变得无能。反过来，父母也不要让孩子做一些本应该由父母负责的事情，这样会让孩子身上背负过重的责任，对孩子的成长是不利的。

法国存在主义哲学大师萨特说过：“我们痛苦，因为我们自由。”反过来，如果我们失去边界，把选择的权利拱手让给他人，可能看起来是失去了选择的自由，却因此免除了承担相应后果的痛苦。这正是杨柳夫妇让大宝决定生不生二宝背后的心理原因。

所以，到底要不要生二宝，还请父母守住亲子之间的界限，自由地做出选择，勇敢地承担责任。是否生二宝当然要考虑大宝的意见，但这样做的目的不是让大宝去做决定，而是基于对大宝的理解，让整个家庭共同做好迎接另一个新生命的准备。

# 02 如何让大宝像你一样期待二宝的到来

在多子女时代，无论生几个孩子，从来都不是问题，因为一切是如此自然。经历过“独生子女政策”“单独二孩”“全面二孩”“三孩政策”后，“如何让大宝接受二宝”就变成一个需要讨论的议题。对于有的父母来说，这甚至变成了一个难题。

## 如何让大宝像你一样期待二宝的到来

走进大宝的内心，看到大宝的渴望和心理需要，让大宝感受到自己获得的是稳定的爱。

如果大宝感到自己是被父母爱着的，而且这种爱是稳定的、安全的，他对二宝的到来就不会感受到太大的冲击。否则，如果大宝感受不到被爱，总是担心失去爱，这种情况下，无论生不生二宝，大宝内心都会感到不安全。亲子关系质量的高低并不是由生不生二宝来决定的，二宝只是将亲子关系中原有的问题表现出来而已。

要让大宝感受到被爱，而不是父母觉得自己在爱大宝。

一位朋友在给小学生做亲子活动时，问他们：“你觉得父母是爱你的，请举手。”结果，几十名学生中只有一个孩子举起了手。他们的父母也都在场，父母看后感到十分吃惊，有的父母竟然当场哭了。所有的父母都觉得自己是十分爱孩子的，没想到孩子却并不这么认为。父母与孩子感受上的不匹配，着实值得我们深思。

父母要让孩子感受到你爱的是他这个人和他的生命，而不只是他的行为和表现。

儿子很喜欢听我讲他小时候的故事。通过这些故事，他感受到自己是被期待着出生的，是因为爱而来到世间的。我告诉他，我很感谢他选择我做他的妈妈，有这样的宝宝做我的孩子，我觉得自己很幸运。

孩子对自己与父母之间的感情联结深信不疑，即使有冲突，也仍然相信自己是被爱的；即便有了二宝，大宝也会觉得自己是被爱的。这是一种童年的印象和体验，随着孩子的逐渐成长，他会带着这样的体验去感受自己的内心和解读周围的事件。

我在咨询过程中也发现，当大宝越是感觉到自己是被爱的，他就越可能爱自己，也越可能爱同胞。反之，如果大宝感觉不到自己是被爱的，就容易嫉妒和攻击二宝。

因此，对于大宝是否允许生二宝这个问题，亲子关系的质量才是关键。所谓高质量的亲子关系，是指真诚、自由、稳定的亲子关系。大宝与父母之间亲子关系的质量越高，大宝就越允许存在差异，也越容易接受二宝的到来。

## 让大宝知道，二宝的到来会让他获得很多，而不是失去很多

父母常常认为，二宝的出生会导致大宝得到的实际照顾减少，从而给大宝的爱也减少了，大宝的心理需要会因此得不到满足。其实，爱的表达方式有很多种，不只表现在对孩子的照顾上。对于年龄稍大的孩子而言，父母对孩子照顾太多恰恰是不信任孩子的表现。这种情况下，孩子感受到的反而是虚弱感。这不是真爱，真爱是要“看到”孩子真实的心理需要，并提供符合孩子发展的心理环境。相对于被父母照顾，感觉自己有力量、被看重，更能满足大宝的渴望和心理需要。

我曾经对儿子说：“你长大了，可以做很多事情了。有你的帮助，我可能会再生个小弟弟或小妹妹，没有你的帮助，我可搞不定！”儿子听到这些，腰杆都挺直了，觉得自己一下子变成了大人。

有一次，我问儿子：“如果有了小弟弟或小妹妹，妈妈要像照顾你小时候那样花费很多时间去照顾小婴儿，还需要跟小婴儿睡在一起，到时候你睡哪里？”儿子说：“我和爸爸睡，或者睡在小床上。”他还说：“妈妈，我想照顾小弟弟，但我还不会做饭，怎么办？”

孩子说的话是否真的能做到并不重要，重要的是他已经感受到，二宝的到来不是让他失去了什么，而是让他变成家中重要的一分子，全家人像迎接他当年出生一样，去迎接另一个新生命。

## 03 如何看待同胞竞争和爱

二宝到来后，有的大宝很喜欢自己的小弟弟或小妹妹，有的大宝则会攻击、逗弄二宝，还有的大宝行为上出现了各种令人困惑的变化。大宝的内心到底在经历什么？父母又该如何处理孩子之间的手足关系呢？

### 同胞竞争和爱是硬币的两个面

大宝对二宝的嫉妒之情以及两个孩子之间的竞争关系，主要有以下几种表现：

直接表达。比如，哥哥总是抢弟弟的东西，扔弟弟的玩具，或者故意拿自己的东西逗弄弟弟："这是我的，就是不给你玩。"弟弟总是被哥哥逗哭。

间接表达。比如，妹妹出生后，妈妈要给妹妹喂奶，姐姐就哭闹着不让妈妈喂。妈妈要照顾妹妹时，姐姐就要求妈妈抱自己，并说出"妈妈不爱我，妈妈不要我"之类的话。

被动表达。比如，弟弟出生后，姐姐看起来很喜欢弟弟，经常逗弟弟玩，也会主动去抱弟弟。然而，自从弟弟出生后，姐姐本来已经能够独立睡一个房间了，现在却开始害怕一个人睡，每晚睡觉变得很困难，学习上也容易丢三落四，不能为自己负责。这种情况下，姐姐对弟弟的嫉妒和攻击被压抑下来。妈妈总是强调或暗示："你爱弟弟才是好孩子。"弟弟的出生对姐姐造成了压力，乖巧的姐姐习惯压抑自己来应对压力，以获得大人的肯定。这股能量由"地上"转到"地下"，在潜意识层面表达出来。

当然，除了竞争和嫉妒外，同胞之间也有保护和爱，比如大宝积极地投入到照顾二宝的工作中，对二宝有发自内心的喜爱之情等。同胞关系当中的爱和竞争，就如同硬币的正反面一样，相伴而生。

## 理解同胞竞争与同胞之爱

亲子关系是两代人之间的关系，而同胞关系则是同一代人之间的关系。根据精神分析的观点，俄狄浦斯期的儿童，通常想取代同性父母，跨越代际的界限。而同胞之间只是年龄稍有差别，并不存在代际差异。

第一，同胞竞争是生存权利的斗争。

尽管在与父母的三角关系中，儿童的内心充满了冲突，但他在关系中的位置却很清晰，即

父亲 —— 母亲
\ /
孩子

三角关系中每一个人都是必不可少的，失去了其中任何一个，三角关系将不复存在。而同胞关系却是横向序列排位的，并且没有人

数的限制。这意味着每一个同胞都不是不可或缺的，即便没有任何同胞，“我”仍然能够存在。反过来也一样，没有“我”，其他同胞也照样存在。因此，同胞关系中隐藏着一种天然的恐惧，即“我”存在与不存在都是无关紧要的。

致力于研究同胞关系的精神分析者朱立叶·米契尔（Juliet Mitchell）认为，同胞竞争背后隐藏的是生存权利的斗争。这一点在皇室家族表现得尤为明显，宫斗剧中女人们争宠的背后，常常滴着皇子们的血。

第二，同胞之爱是爱自己的一种延伸。

同胞关系是开放的，具有可替换性和相似性。同胞在带来生存权利斗争的同时，也有着另外一面，即因为同胞之间的相似性，“我”可能会把母亲新生的婴儿当成“更多的我”去爱，这看似是在爱同胞，实则是爱自己的一种延伸。

## 同胞关系对孩子心理发展的意义

第一，同胞之间的亲密关系，提供了亲子关系之外的心理发展空间。

同胞之间可以相互支持，促进各自心理的发展。年长的孩子照顾、带领并保护年幼的孩子，年幼的孩子获得关照和爱，年长的孩子获得自豪感和能力感。他们可以一起玩游戏、打闹，会互相关心，同时彼此又具有攻击性。另外，同胞之间可以互相模仿和学习，促进认同感。兄弟情、姐妹谊都是人类美好的情感体验，同胞之间的互动与交往，也为儿童提供了一个向社会过渡的空间。在这个空间里，儿童可以学习如何处理对同胞的爱与恨，学习如何合理地进行竞争，这是他们走向成人社会必经的过程。

我至今还记得幼年时与弟弟和姐姐之间的“战争”。当父母在家时，姐姐很少照顾我和弟弟，反而会欺负我们。如果父母不在家，姐姐则立刻变身为“大当家”，承担起照顾我和弟弟的任务。我们三个的力量不均衡，自然会产生联合与离间，进行拉帮结派，有时我和姐姐一起收拾弟弟，有时姐姐和弟弟一起对抗我。同胞关系俨然就是一个小社会。

儿童在同胞关系中所处的位置，会影响他今后处理自己与同事、同学以及伴侣之间关系的方式。尤其是在横向的关系中，很容易唤起个体在同胞关系中的体验，并以这样的体验为基础，去处理这种横向关系。比如，一个男孩有一个双胞胎妹妹，跟妹妹比起来，他在儿童时期的学业竞争中总是处于劣势，以至于在成年后，时常会唤起他与妹妹的竞争焦虑，好像妹妹幻化成他身边的同事、同学，如影随形地伴随着他。

**第二，接受同胞就是接受自己的不同，确立自己的存在。**

对于年长的孩子而言，同胞的出生打破了已经存在的各种平衡关系，这对他来说无疑是一种冲击，因此会带来痛苦且混乱的感受，甚至可能让他产生行为方面的问题。比如，弟弟或妹妹的出生，让年长的孩子觉得自己不能再独享父母的爱，而是需要跟另一个人来分享。除此之外，刚出生不久的孩子因为弱小无助，会与父母有更多亲密接触的机会，这可能导致年长的孩子发生一些倒退行为，即一些本来会做的事情现在又不会做了。比如，拒绝吃块状苹果，让妈妈喂自己吃苹果泥；用奶瓶喝水；尿床；不能一个人睡；等等。孩子出现这些倒退行为正是为了获得父母的关注。

对于年长的孩子而言，同胞的出生占据了自己原先的位置，同胞的存在是对自己的一种威胁，所以会与同胞形成一种类似“有你没我，有我没你”的竞争关系。这表明年长的孩子知道同胞是与自己完全不同的存在。因此，如果儿童能够在内心深处接受同胞存在的现实，事实上就是接受了自己与他人的不同。这对于儿童的心理发展具有重要的意义。

## 父母如何处理孩子的同胞关系

### 第一，肯定每个孩子的独特性。

朱立叶·米契尔提出，母亲要处理孩子之间的同胞关系，最重要的是强化同胞之间的不同。母亲要把每一个孩子都当成独一无二的个体。孩子可能是普通的，但一定是独一无二的，他有着与别人不同的特质和潜能，每个孩子在家庭中都扮演着与他人不同的角色。

尤其是双胞胎家庭，父母更应该关注孩子之间的差异。相对于普通同胞，双胞胎在外貌和年龄上更加相近。因此，在养育双胞胎子女的过程中，父母更要看到每个孩子的独特性。如果他们总是被放到一起进行比较，将非常不利于孩子进行自我认同。很多父母常常为了好玩或者其他的原因，把两个孩子打扮得一模一样，使得别人根本无法将两个孩子区别开来。事实上，并没有哪个儿童喜欢被错认为另一个人。

绘本《逃家小兔》描绘了一个故事：不管调皮的小兔跑到哪儿、变成什么，兔妈妈总是能够认出它。我儿子在看这本书时，每次读到小兔被妈妈认出，总是露出满脸的幸福，他或许是在体验小兔被妈妈发现的幸福吧。

我读书时有一位同学小刘，她有一个双胞胎姐姐。一次，她的姐姐打电话到宿舍，当时接电话的是我，我听声音以为是小刘，就自然地说："是小刘吗？"结果电话那边忽然变得有些愤怒地说："我不是小刘，我是她姐！"我猜，她一定是对被错认感到困扰和愤怒。

**第二，接纳同胞间的竞争和嫉妒，但要限制同胞之间的暴力行为。**

父母都希望手足之间永远相亲相爱，可惜这只是一个美好的愿望。同胞竞争和嫉妒存在于人性之中，完全否认其存在并非明智之举。面对大宝对弟弟妹妹的不友好行为，很多父母总是对大宝提出各种要求或批评大宝，导致大宝觉得自从弟弟妹妹出生后，自己就经常挨骂。如果父母不顾大宝的感受，一味地要求大宝去爱弟弟妹妹，只会加深大宝对二宝的嫉恨，更不利于手足之情的发展。

因此，父母要坦然接受大宝的情感，在合适的时候听听大宝对弟弟妹妹出生后的想法和感受，允许大宝自由地表达想法。能够被父母听到、见证并接纳自己的感受，大宝在行为方面的动力自然就会减少。当然，如果大宝对弟弟妹妹有不当行为甚至暴力行为，父母一定要及时制止。

另外，父母也可以跟大宝做出一些约定，抽出固定的时间全身心地陪伴大宝，让大宝明白，弟弟妹妹的出生并没有改变父母对自己的爱，自己也并没有被弟弟妹妹所取代。

**第三，帮助孩子发现对手足的爱，促进爱的表达。**

新生儿天然会招人喜爱，大宝通常会自然而然地对弟弟妹妹表达自己的爱。父母要善于发现这样的时刻，并对大宝表达合适的赞赏。但切记，一定要根据同胞关系和亲子关系的实际状况来表达赞赏，否则可能导致大宝听到表扬后故意减少对弟弟妹妹表达爱的行为。赞赏不是用道德去绑架孩子，或者成为一种潜在的威胁，而是向孩子表明：我看到了你对弟弟妹妹的爱。下面通过两个例子来看看适度赞赏和过度赞赏的区别。

描述事实。“我看到你给弟弟唱歌了，弟弟一定很高兴吧？”“你帮妈妈拿来弟弟的衣服，谢谢你帮我减轻了负担。”“弟弟摔跤了，你扶他起来，你已经会照顾弟弟了。”大宝好的行为被看到后，今后自然会表现出更多这样的行为。

过度表达。“你对弟弟真好，妈妈给你买你最想要的乐高吧。”这样的赞赏就把自然的爱变成了交换，抵消了大宝对弟弟的情感。此外，对弟弟好时妈妈才给大宝买玩具，言外之意是对弟弟不好就不买玩具，这样可能导致大宝对弟弟的爱不是因为发自内心，而是为了得到自己想要的东西。这种赞赏也可能让大宝觉得妈妈更爱弟弟，他们俩更亲近，这会给大宝造成不良的心理影响。

如果你正孕育二宝，即使现在大宝很期待二宝的到来，但在二宝出生后，大宝会真切地体验到二宝带来的变化，他的情绪可能会发生意想不到的变化。父母应该知道，这是一个非常正常的适应过程。同胞之间的竞争和嫉妒是不可避免的，父母应该跟孩子坦诚地交流这些情绪，并允许孩子去体验（但要明确限制伤害对方的行为），这样孩子就会更加坦然地面对自己的情绪，同胞之间的爱就会随着一天天的相处而日渐深厚。